本书受到重庆工商大学人力资源及管理创新团队资助。

中国职业经理人信用评价体系构建及管理研究

柏 群 张翠菊 著

中国财经出版传媒集团
中国财政经济出版社

图书在版编目（CIP）数据

中国职业经理人信用评价体系构建及管理研究／柏群，张翠菊著. —北京：中国财政经济出版社，2018.7

ISBN 978－7－5095－8366－1

Ⅰ.①中… Ⅱ.①柏… ②张… Ⅲ.①企业信用－评价－体系－研究－中国 Ⅳ.①F832.4

中国版本图书馆 CIP 数据核字（2018）第 148658 号

责任编辑：卢元孝　　　　　责任印制：刘春年
封面设计：孙俪铭　　　　　责任校对：黄亚青

中国财政经济出版社 出版

URL：http://www.cfeph.cn

E－mail：cfeph＠cfeph.cn

（版权所有　翻印必究）

社址：北京市海淀区阜成路甲 28 号　邮政编码：100142
营销中心电话：010－88191537　北京财经书店电话：64033436　84041336
北京财经印刷厂印装　各地新华书店经销
710×1000 毫米　16 开　12.5 印张　210 000 字
2018 年 7 月第 1 版　2018 年 7 月北京第 1 次印刷
定价：58.00 元
ISBN 978－7－5095－8366－1
（图书出现印装问题，本社负责调换）
本社质量投诉电话：010－88190744
打击盗版举报热线：010－88191661、QQ：2242791300

前　　言

加入世界贸易组织（WTO）以来，在经济全球化的背景下，中国企业的数量如雨后春笋般地增长，中国职业经理人的队伍规模也在不断发展壮大，职业经理人的素质水平关乎着企业的成长发展，但我国目前宏观环境方面还存在着不利于职业经理人成长的制度配置缺位、市场发育不充分、缺乏公正科学的市场评价机制等方面的问题。而企业自身则存在着阻碍职业经理人发挥作用的企业内部制度不健全、职业经理人的责权利不明确、激励机制不健全、约束机制不到位、企业所有者对职业经理人不信任、企业不讲信用等问题。职业经理人自身也存在着诸如职业能力差、缺乏基本的职业道德、定位不准确等问题。职业经理人与企业之间系委托代理关系，在我国的管理实践中职业经理人与企业家的合作中曾经发生过很多不愉快的案例。国美电器的创始人黄光裕和职业经理人陈晓闹得沸沸扬扬的控制职权之争；"中国第一职业经理人——唐骏"先因10亿元转会费放弃盛大集团而投奔新东家新华都集团，后又因"学历门"事件遭到卸任[1]；创维集团董事长黄宏生与职业经理人陆强华因意见不合，将陆强华调至有名无实的虚位，导致陆强华投奔创维的对手高路华，使创维陷入危机等等[2]。职业经理人与企业家合作不顺畅除了企业家放权不当外，还有另一个重要原因就是企业家与经理人信息不对称问题。构建职业经理人信用评价体系可以发挥信用传递的作用，使得信用变得透明化。因此，如何构建职业经理人信用评价体系就成了大家普遍关注的热点问题。

近几年，我国多次提出完善诚信体系、提升诚信水平的制度和要求。党的十八大提出"加强政务诚信、商务诚信、社会诚信和司法公信建设"，党

---

[1] http://tech.sina.com.cn/i/2016-08-31/doc-ifxvixer7513717.shtml
[2] http://www.360doc.com/content/17/0426/21/197815_648924661.shtml

的十八届三中全会提出"建立健全社会征信体系,褒扬诚信,惩戒失信",《中共中央国务院关于加强和创新社会管理的意见》提出"建立健全社会诚信制度","十二五"规划纲要提出"加快社会信用体系建设"的总体要求,2014年6月国务院制定并印发了《社会信用体系建设规划纲要》(2014~2020年),2017年10月党的十九大报告提出"坚持德才兼备、以德为先,坚持正确选人用人导向,匡正选人用人风气"、"破除妨碍劳动力、人才社会性流动的体制机制弊端,完善政府、工会、企业共同参与的协商协调机制,构建和谐劳动关系"和"深入实施公民道德建设工程,推进职业道德建设"。以上国家文件标志着"人才的诚信"在我国得到了前所未有的社会关注和支持,社会信用体系迎来了最有利的建设和发展机遇。职业经理人制度是现代企业治理结构的重要组成部分,对于社会而言,职业经理人的诚信常常体现为企业的诚信。而从企业的角度来看,职业经理人的诚信则维系着企业的良好工作关系、人际关系和诚信文化的建设。所以国家高度重视职业经理人的信用记录、信用评价和信用体系的构建和运用。根据中组部、国务院国资委等五部门印发的《企业经营管理人才队伍建设中长期规划(2010~2020年)》中提出的关于"加快建设全国集中统一的职业经理人诚信管理系统"的要求,中国职业经理人协会根据中国企业经理人的发展现状,在"职业经理人发展项目"的研究中提出了"打造中国特色的职业经理人信用评价体系"的总体思路。

在此背景下,本书将全面梳理职业经理人信用评价相关理论及发达国家信用制度经验等,构建我国职业经理人的信用评价体系,为实现我国职业经理人信用的科学评价提供一种有效的量化方法与研究工具,并以重庆职业经理人信用评价活动为契机进行实际应用。在此基础上,提出提升我国职业经理人信用水平、优化信用评价制度的政策建议和保障措施。

本书的顺利出版,特别感谢重庆工商大学的出版基金资助及学校科研处等相关部门和领导的大力支持!

另本书可能存在不足及欠缺之处,恳请各位专家、同仁批评指正。

柏 群

2018年5月11日

目 录

第 1 章 绪论 … 1

1.1 研究背景 … 3
1.2 研究意义 … 4
1.3 研究内容 … 5
1.4 研究方法及技术路线 … 7
1.5 研究目的 … 9
1.6 研究创新 … 10
1.7 本章评述 … 11

第 2 章 职业经理人特征及素质要求 … 13

2.1 职业经理人概念界定 … 15
2.2 职业经理人的特征 … 18
2.3 职业经理人的分类 … 22
2.4 职业经理人在企业管理中的作用 … 23
2.5 职业经理人制度 … 25
2.6 职业经理人的素质要求 … 25
2.7 本章评述 … 30

第 3 章 基础理论及相关研究综述 … 33

3.1 相关基础理论 … 35
3.2 信用的相关概念 … 44
3.3 职业经理人信用相关研究综述 … 47

3.4 本章评述 …… 54

第4章 我国职业经理人发展历程及现状 …… 55
4.1 我国职业经理人发展历程 …… 57
4.2 我国职业经理人市场环境分析 …… 58
4.3 中国职业经理人的发展现状及问题 …… 62
4.4 中国职业经理人信用评价现状 …… 74
4.5 我国职业经理人信用评价的问题及原因分析 …… 79
4.6 本章评述 …… 81

第5章 国外发达国家职业经理人信用评价制度比较分析 …… 83
5.1 国外发达国家职业经理人信用评价制度 …… 85
5.2 国外发达国家职业经理人信用评价特征分析 …… 91
5.3 国外发达国家职业经理人信用评价经验借鉴及启示 …… 92
5.4 本章评述 …… 93

第6章 我国职业经理人信用评价体系构建 …… 95
6.1 推进我国职业经理人信用评价的战略意义 …… 97
6.2 职业经理人信用评价体系应具有的功能 …… 100
6.3 设计评价体系的基本思路、指导思想和原则 …… 102
6.4 职业经理人信用评价指标体系构建 …… 106
6.5 职业经理人信用评价体系的权重确定 …… 113
6.6 本章评述 …… 122

第7章 重庆职业经理人信用评价体系应用研究 …… 123
7.1 重庆职业经理人信用评价背景分析 …… 125
7.2 重庆职业经理人信用评价活动 …… 129
7.3 重庆职业经理人信用评价的问题及分析 …… 133
7.4 本章评述 …… 137

第8章 基于广义灰色加权面积关联度模型的职业经理人信用评价 ············ 139

    8.1 广义灰色加权面积关联度评价模型 ············ 141
    8.2 基于 GGWACD 模型的职业经理人信用评价 ············ 144
    8.3 本章评述 ············ 147

第9章 基于 BP 神经网络的职业经理人信用风险评价与实证研究 ············ 149

    9.1 BP 神经网络模型 ············ 151
    9.2 BP 神经网络的职业经理人信用评价实证研究 ············ 154
    9.3 本章评述 ············ 160

第10章 提升我国职业经理人信用评价水平对策及保障措施 ············ 161

    10.1 我国职业经理人市场存在的问题 ············ 163
    10.2 我国职业经理人信用评价及管理体系的构建设想 ············ 166
    10.3 我国推行职业经理人信用评价及管理体系的政策建议 ············ 168
    10.4 规范我国职业经理人信用制度的支撑措施 ············ 176
    10.5 本章评述 ············ 183

参考文献 ············ 185

中国职业经理人信用评价
体系构建及管理研究

Chapter 1

第1章 绪 论

第 1 章 绪 论

1.1 研究背景

2017年我国出台的《关于进一步完善国有企业法人治理结构的指导意见》明确提出"有序推进职业经理人制度建设,逐步扩大职业经理人队伍,有序实行市场化薪酬,探索完善中长期激励机制,并畅通企业经理层成员与职业经理人的身份转换通道,并充分发挥企业家作用,造就一大批政治坚定、善于经营、充满活力的董事长和职业经理人"的要求。党的十九大报告明确提出"培育具有全球竞争力世界一流企业"的要求,而建设具有全球竞争力的职业经理人队伍是其中的关键环节。2018年年初,中共中央办公厅、国务院办公厅印发《关于分类推进人才评价机制改革的指导意见》,又提出"建立社会化的职业经理人评价制度"的要求。中国职业经理人协会为贯彻中央提出的建立和推行职业经理人制度、建立社会化的职业经理人评价制度等要求,中国职业经理人协会组织编制并正式发布《职业经理人才职业资质社会评价工作指引》《职业经理人才职业资质社会认定工作指引》《职业经理人才职业资质社会培养工作指引》《企业择人与职业经理人才队伍成员求职信息对接社会服务工作指引》等四个工作指引。这四个指引为职业经理人才职业资质建立了一个基本评价模型,包括职业资历、职业素质和职位适配度等,同时设计了职业资质的评价要素和评价项目,形成了一个统一的职业经理人资质内容体系。

虽然我国的市场经济也已经走过了几十年,但一直存在市场机制不健全,契约机制不完善等问题。另外,由于企业委托人与职业经理人之间委托—代理关系所形成的信息不对称,企业委托人很难掌握职业经理人完整的、全面的信息,致使在我国引入职业经理人制度的管理实践中,职业经理人和企业委托人之间的"信用危机"事故频发,包括国美电器的创始人黄光裕和职业经理人陈晓控权之争、创维集团职业经理人陆强华跳槽事件等,导致这一系列事件的一个重要原因是我国还未形成以职业经理人信用为核心的职业经理人的培养、评估、选择和使用的市场机制,缺乏职业经理人领域的信用约束机制。因此,如何建立科学的、行之有效的信用评价体系对于在现代企业管理实践下发展职业经理人制度具有重要意义。

1.2 研究意义

职业经理人在企业中扮演着非常重要的角色，但其在我国管理实践中的"信用问题"却日益凸显，如何完善职业经理人信用评价体系、持续管理职业经理人信用资源，更好地服务市场供求至关重要。

1.2.1 理论意义

第一，对现有职业经理人研究的补充与完善。目前职业经理人研究的重点在于职业经理人应具备的素质、职业经理人成长机制、职业经理人的报酬与激励等内容，而对于这些研究的基础——职业经理人信用评价问题的研究则较少，本书将在职业经理人信用评价问题上进行补充和扩展研究。

第二，对现有职业经理人评价研究的拓展。经济学主要从委托—代理理论的角度来探讨合理评价经理人的绩效从而降低监督成本、减少职业经理人的机会主义行为，降低道德风险。从人力资源管理的角度来讲，职业经理人评价的目的是满足利益相关者的需要、改进职业经理人的选聘、改进与提高绩效、完善职业经理人激励与约束机制等，从而更有效地实现"利益相关者满意、职业经理人与企业共同发展"的共赢目标。本书将职业经理人信用评价体系研究拓展到评价应用的研究，将职业经理人评价与人力资源管理各子系统衔接起来，形成完整的人力资源管理系统。

第三，对职业经理人信用评价问题的计量方法应用。目前对于职业经理人信用问题的研究，多侧重于对职业经理人信用制度完善的重要意义及作用等的阐述上，或者是构建职业经理人信用评价的指标体系等，但这些研究多以规范研究为主、缺乏计量层面的实证研究，本书将尝试利用层次分析法、灰色关联度以及BP神经网络等多种计量方法进行职业经理人信用问题的研究，增强职业经理人信用指标体系研究的科学性和规范性。

1.2.2 实践意义

第一，建设职业经理人的信用评价体系有助于普及推广整个社会的信用意识，响应国家建设诚信社会的号召。

第二，完善的职业经理人信用评价体系可以更好地规范约束职业经理人，为企业解决由于信息不对称带来的管理风险。构建职业经理人信用评价体系可以为企业提供一个系统的评价职业经理人的工具，从而在一定程度上避免委托—代理关系中由于信息不对称而产生的"逆向选择"与"道德风险"问题。建立职业经理人与企业家之间的信任，在一定程度上缓解职业经理人与委托人之间的矛盾与冲突。

第三，职业经理人信用体系的建立有利于职业经理人自身的管理更好地促进职业经理人自我约束、自我管理。

第四，职业经理人信用评价体系的建立是我国经理人形成职业化、市场化、国际化的必要条件。职业经理人市场健全与否的一个重要标志是其配置功能能否发挥作用，职业经理人信用评价体系的建立有利于职业经理人更好地被识别和约束，从而使我国职业经理人的规范管理尽早与国际接轨。

1.3 研究内容

在对以往理论模型和实证研究相关文献梳理的基础上，本书构建了中国职业经理人信用评价的评价体系，并在此基础上基于重庆现实情况进行了实证分析。本书的研究内容安排如下：

第1章 绪论。从国际、国内社会对环境问题的关注出发，提出本书研究背景、意义，同时提出本书研究内容、研究方法及技术路线、研究目的、研究创新等基本问题。

第2章 职业经理人特征及素质要求。阐述国内外对于职业经理人的概念界定；分析职业经理人的特征、在企业管理中所发挥的作用以及职业经理人所需的素质等。

第3章 基础理论及相关研究综述。全面梳理职业经理人信用评价相关的基础理论，包括委托代理理论、声誉理论、契约理论；界定信用的概念和定义，包括个人信用、职业信用、商业信用；对职业经理人信用问题相关文献进行综述，包括个人信用研究综述、职业信用研究综述、职业经理人信用等研究综述。

第4章 我国职业经理人发展历程及现状。回顾我国职业经理人的起源以及发展历程；分析和阐述我国职业经理人面临的市场环境，包括经济环境、法律环境、文化环境、信用环境等；讨论了我国职业经理人中的选聘制度、培训制度、激励机制、退出制度等的发展现状及问题。

第5章 国外发达国家职业经理人信用评价制度比较分析。介绍美国、德国、日本、英国、新加坡等职业经理人信用环境及制度，主要从以下四个方面进行比较，包括职业经理人的起源和发展阶段、职业经理人的激励机制和约束机制、职业经理人的人才市场机制和法律制度以及信用评价指标等；进一步借鉴国外发达国家的经验为我国职业经理人发展提出建议。

第6章 职业经理人信用评价体系理论构建。从战略角度分析推进我国职业经理人制度的意义；考察我国职业经理人信用评价方面的问题及现状、分析职业经理人信用问题的深层次原因。在此基础上，借鉴已有研究成果构建职业经理人信用指标体系，并利用层次分析法确定权重，形成职业经理人信用评价指标体系。具体过程如下：首先，借鉴已有的研究成果，确定个人信用、职业信用、职务信用三个一级指标，再通过文献归纳、专家评价、客户第三方评价以及自我信用案例陈述来确定信用评价的二级指标。其次，采用层次分析法确定多级指标在评价体系中所占的相对比重来确定各方案因素的重要性，构造该级别的判断矩阵。再其次，计算层次单排序和总排序的权向量并做一致性检验，明确各评价指标的权重，进而构建职业经理人的信用评价体系。最后，对所建体系进行检验，根据检验结果对原有评价体系做出调整和优化，从而确定最终的信用评价体系。

第7章 职业经理人信用评价体系的应用研究。以重庆地区企业经理人评选活动为契机，将"职业经理人信用评价体系"应用于1483名重庆地区优秀职业经理候选人，展开信用测评实践应用，对该信用评价指标体系的有效性、可行性等作分析验证，立足重庆实际提出修正和完善建议，完善重庆职业经理人信用评价的管理体系。

第8章 基于广义灰色加权面积关联度模型的职业经理人信用评价。构建职业经理人两次加权的广义灰色面积关联度模型,并对该模型建模思路及计算过程等内容进行了系统研究;将该模型应用于职业经理人信用的实际评价,取得了与实际情况较为相符的评价结论。

第9章 基于BP神经网络模型的职业经理人信用风险评价研究。在充分考虑职业经理人的信用风险产生、发展、变化的规律及特点的基础上,利用BP神经网络算法构建职业经理人信用分类与信用风险预警模型,以降低职业经理人信用危机的破坏力。

第10章 提升我国职业经理人的信用水平对策及保障措施。以重庆地区职业经理人信用评价体系为基础,探索提升我国职业经理人持续的信用评价和持续管理整体构想,在此基础上,提出优化我国职业经理人信用环境、提升职业经理人信用水平的对策和保障措施。

1.4 研究方法及技术路线

1.4.1 研究方法

对于职业经理人信用评价体系构建及应用研究,本书采用的研究方法主要有文献研究法、专家评价法、归纳演绎法、层次分析法、比较分析法、灰色加权面积关联度评价模型、BP神经网络模型等。

(1) 文献研究法。在阅读大量的国内外职业经理人信用评价基础理论及相关研究文献的基础上,遵循评价指标体系设计原则、借鉴已有的研究成果确定职业经理人信用评价体系的具体指标。

(2) 专家评价法。专家评价法是在定量和定性分析的基础上,以打分等方式做出定量评价,对所选指标进行筛选。首先对已确定的指标均定出评价等级,每个等级的标准用分值表示;然后以此为基准,由专家对各指标进行分析和评价,确定各指标的分值,求出指标的总分值,从而得到指标是否可行的评价结果。

(3) 层次分析法。首先,确定评价范围和评价目的、对象,进行评价因子的识别、筛选,从而确定评价因子的内容。其次,建立层次结构,根据对评价系统的初步分析,搞清总目标、子目标、指标之间的上下衔接关系,建立递推层次结构。构造判断矩阵，层次分析法不把所有因素放在一起进行比较，而是通过对所有可能的组合进行两两比较来确定这些因素在某个方面的优劣顺序，从而提高判断的准确性。最后，计算重要性排序，即权重分配。

第一步，明确问题。确定评价范围和评价目的、对象，进行评价因子的识别、筛选，确定评价因子的内容。第二步，建立层次结构。根据对评价系统的初步分析，搞清总目标、子目标、指标之间的上下衔接关系，建立递推层次结构。第三步，构造判断矩阵，通过对所有可能的组合进行两两比较来确定这些因素在某个方面的优劣顺序，从而提高判断的准确性。判断矩阵的构造方法主要由专家讨论确定和专家调查确定。第四步，进行权重分配。

（4）归纳演绎法。首先从很多个别的案例中提炼出一般性的普遍适用于更为广泛的领域的职业经理人的信用评价体系，将之应用于重庆地区的职业经理人的信用评价，再根据我国职业经理人的信用评价情况进行优化和调整，使之适用于我国的职业经理人的信用评价。

（5）比较分析法。考察分析了国外发达国家职业经理人信用评价的相关制度和特征，以期为我国职业经理人信用评价体系的构建提供借鉴和启示。

（6）灰色系统理论方法。灰色关联分析模型是灰色关联理论的重要组成部分，首先定义和构建职业经理人信用评价两次加权的广义灰色面积关联度模型，并基于所构建的职业经理人信用评价体系，以及重庆职业经理人信用评价活动的数据进行实际评价，以验证相关结论与实际情况是否相符。

（7）BP 神经网络方法。BP（Back Propagation）神经网络是一种按误差逆传播算法训练的多层前馈网络，是目前应用最广泛的神经网络模型之一。将构建的职业经理人指标体系应用于重庆职业人信用评选活动中，已验证指标体系的科学性及有效性。

1.4.2 技术路线

本书研究的重点在于构建我国职业经理人信用评价体系，并在此基础上进行应用研究。首先，分析职业经理人信用评价相关基础理论及文献综述，并对国外职业经理人制度进行比较分析，考察其对中国职业经理人信用评价的经验借鉴。其次，在已有研究的基础上，结合专家访谈方法，确定我国职业经理人信用评价框架以及信用评价指标，并利用层次分析法确定评价指标体系的权重，最终形成了职业经理人信用评价体系;再其次,利用重庆职业经理人信用评价活动考察重庆职业经理人信用水平,并验证指标体系构建的科学性及有效性以及。其中,利用灰色加权面积关联度评价模型选取部分职业经理人进行个体研究,利用 BP 神经网络方法验证指标体系风险评价水平。最后,基于以上研究结论,提出规范我国职业经理人信用评价市场环境、提升职业经理人信用水平的政策建议以及保障措施。本书整体的研究技术路线具体如图 1.1 所示。

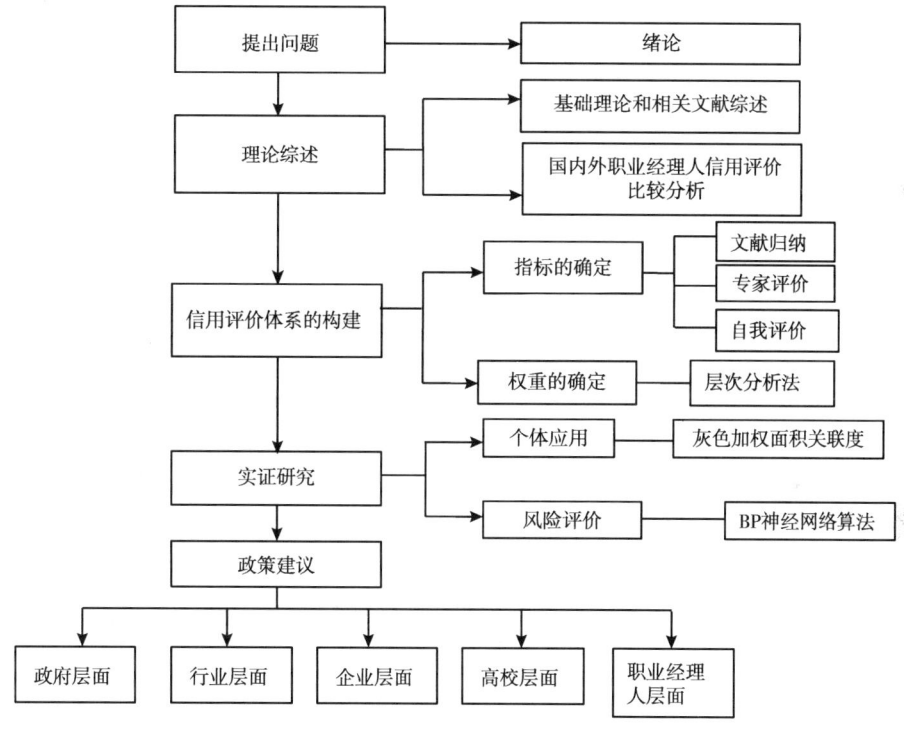

图 1.1 本书的技术路线

1.5 研究目的

在国内外已有的研究基础上,构建职业经理人的信用评价体系,并将之应用于重庆职业经理人的信用评价,发现存在的问题,并提出相应的对策建议,进而构建适合重庆地区企业经理人信用评价体系。以期为未来职业经理人评选活动、职业经理人信用评价等提供一些思路和指导,期望能对职业经理人的信用评价研究做出有益的补充,为中国职业经理人协会以及各地方职协对职业经理人职业档案、职业资质的持续管理提供经验借鉴和参考。

1.6 研究创新

(1)在职业经理人信用评价指标的选择具有一定的创新。一是职业经理人信用评价指标应体现可操作性、可持续性和可获得性,根据各地区具体实际增减指标,尤其明确了在职业经理人评价中信用的"门槛"功能,对一些注重负面记录的指标以"减分项"形式设立,保证了评价的公正性和可操作性;二是职业经理人信用评价不应局限于惩罚性指标,而应适当体现激励性指标,即不仅要体现"失信惩罚",更应体现"守信得利",即考虑其诚信追求;三是建议在保留所供职企业评价的基础上,增加客户第三方评价和自我信用案例陈述部分,使对职业经理人的信用评价更为全面、客观。

(2)创新性地将"信用"元素植入重庆企业经理人评选活动。将企业经理人的信用问题作为"门槛"性评选指标,突破了以往评选活动仅关注工作绩效的局限,并为其在其他行业、地区的进一步推广及其规范运作展开了探索性的研究。

(3)对信用评价体系作应用测试,并基于重庆企业经理人评价的实际情况提出修正和改进是本书应用性研究的集中体现。以重庆企业经理人评选为例,探索我国职业经理人开展持续信用评价和持续管理的可行路径。

(4)使用 BP 神经网络方法来进行职业经理人信用风险评价,信息化时代,如何对职业经理人信用进行快速有效的预警和分级已经成为监管部门的必修课。使用这种方法可以更加科学地阐述职业经理人信用风险产生、发展、变化的规律及特点。

(5)灰色系统理论方法的实证应用。目前大部分基于信息体系的研究多是基于传统的系统理论开展研究,适合信息比较充分的系统,而对一些信息比较贫乏的系统,部分信息不确知的系统,传统的系统理论则丧失了能力。灰色系统理论则解决了这种"外延明确,内涵不明确"的"小样本,贫信息"问题,适合于解决职业经理人信用评价问题的研究。

1.7 本章评述

职业经理人是我国市场经济发展中一个重要而特殊的职业阶层。从经济发展的历史来看，科学家、工程师、职业经理这三位一体是科学进步的加速机制。其中，职业经理以独特的历史眼光来认识科学技术的价值，然后通过冒险而又合理的行动，将科技成果转化为商品生产。科学家从事基础研究或应用研究，工程师从事技术开发，职业经理或企业家将产品投放到市场，由此不断创造出来的社会需求又推动新的科学发明与发现。在这个机制里，职业经理人或企业家是轴心，是科学发展的发动机。对我国市场经济的发展来讲，职业经理人的重要性在于他们具备较高的学历和专业知识水平，是社会最稀缺的人力资源，支配着大量的经济资源。是追求自身价值与社会价值相统一的精英群体他们是社会财富的创造者是促使市场均衡的中间商是企业的经营决策者、组织者、领导者、管理控制者和经营者，其工作直接关系一个企业的成败兴衰。北京大学光华管理学院张维迎教授认为，未来中国企业能否发展壮大，在很大程度上取决于职业经理人队伍的建设，职业经理人队伍的建设将是中国企业继产权改革之后又一重大难题。而职业经理人评价体系的构建则是职业经理人队伍建设中很重要的研究课题。

中国职业经理人信用评价
体系构建及管理研究

Chapter 2

第2章　职业经理人特征及素质要求

2.1 职业经理人概念界定

职业经理人（professional manager）最早出现在美国。伴随着企业制度的改革，出现了"经理革命"，19世纪40年代，由于美国铁路建设的热潮，原有的铁路企业因融资的需要而创新形成了最早期的股份制公司，同时诞生了早期的职业经理人。国外很多学者都对"职业经理人"这一概念进行了界定，随后西方一些著名学者对职业经理人的概念进行过界定。

管理学之父彼得·德鲁克（Peter F. Drucker）提出经理人是"企业中最昂贵的资源，而且也是折旧最快、最需要经常补充的一种资源。"1974年在《管理——任务、责任、实践》一书中，彼得·德鲁克将职业经理人定义为"对企业的绩效负有责任的人"，同时提出传统的仅将经理人定义为"对他人的工作负有责任的人"是不够的。哈佛大学教授熊彼特（Schumpeter）认为经理人是社会发展的带头人，其职能就是"创新"，所以其首要特征就是"发起变革、设计变革和组织实施变革。"根据创新与否将生产经营者划分为静态导向型动和动态导向型两大类，前一类人墨守成规、不具备创新素质，不能称为职业经理人，后一类人则勇于并善于创新，才是真正的职业经理人。美国著名经济学家萨缪尔森（Paul A Samuelson）1987年在《经济学》一书中对职业经理人的论述为："谁决定公司的事务？主要决定于日益重要的职业经理阶级。"美国企业史学家钱德勒（1977）将职业经理人定义为"以管理作为其终生职业并成成为负责经营大型单位企业的人。"

西方本世纪之前的二百多年经济发展历史中，职业经理人的形成概括起来大体有三种模式。

第一，资本功能型职业经理。随着资本积累、积聚和集中速度的加快和工厂制度的逐步废止与公司制的兴起，资本使用者或管理者或经营者功能从资本所有者功能中分离出来，形成了具有资本功能的职业经理阶层。他们的先辈已经完成了资本的原始积累，家族拥有大量的资产，而他们自身则继承了家族企业的高层管理者角色。同时由于从小就受到系统的管理训练，这类职业经理和他们的先辈相比具有更为突出的科学管理观念和手段。他们要做的就是在连续创业周期中，以资本所投向的产业不断创新为己任，长期执行资本运营、增值功能，因而我们称他们为资本功能型职业经理。在西方，第一代具有资本功能型的职业经理代表有"科学管理之父"泰勒和"管理过程论之父"法约尔；第二代有1918～1956年受聘于美国通用汽车公司的阿尔弗雷德·斯隆；第三代有不满福特公司董事长独断专横而被解雇，后来又受聘为克莱斯勒公司做总裁的李·亚柯卡；第四代有以对人重视尊重与信任的企业文化闻名于世的美国惠普公司总裁李维斯·普拉特等等。

第二，生产技术型职业经理。19世纪中期之后，越来越多的专业生产技术人员担当起经营管理职责，他们具备本专业的技术知识，熟知企业内部的生产组织过程及产品工艺，了解市场上同类产品的品种、规格和质量以及如何改进产品的性能使之更适应市场的需要。因此，这个时期美国实业界的许多大企业经营者都是由专业技术人员担任，他们对提高生产力水平、发展经济起到了极大的推动作用。专业技术人员升迁为职业经理成为当时职业经理形成的普遍模式。

第三，经营技术型职业经理。19世纪末以后，随着社会生产力水平和社会化大生产程度的日益提高，市场范围进一步延伸和扩大，市场交往日益紧密，竞争也日益激烈。在变化莫测的市场环境中企业的经营管理者所面临的组织管理任务日趋复杂和繁重，经理人员在市场经济运行中的作用也日益增大，企业的经营管理也逐渐发展成为一门专业科学。在这种情况下，企业的经营者的来源和组成结构逐渐发生了变化，以经营管理为专业特长的一批新兴职业经理员适应市场经济的要求逐渐形成。这些新兴的职业经理员以院校工商管理专业的毕业生为主，如美国哈佛大学和耶鲁大学等学校的工商管理学院培养了一大批在日后的实际经营活动中出类拔萃的优秀企业家，30年代大危机以后，特别是第二次世界大战以后，以经营管理为专业特征的职业经理成为越来越广泛的模式。概括地讲，从职业经理的典型意义上，各发达国家职业经理的形成和发展大体上经历了三个阶段。第一个阶段是资本功能型职业经理，行使更多的资本增值功能；第二个阶段是专业技术型职业经理，由专业技术人员担任企业的经理来负责经营；第三个阶段是经营技术型职业经理，以经营管理专业技术来组织管理、经营企业，在现代市场经济中，他们在公司内形成独特的地位，他们的作用和影响也已经远远超出了公司经营业务的范围。

20世纪90年代中后期，职业经理人这一概念由西方国家传至我国，并逐步被国内理论界认识并展开研究。茅于轼认为，职业经理人是"一类彬彬有礼、懂得妥协、懂得怎么与合作者谋求利益，而内心仍有强烈的意志和高度原则的管理专业人才"。魏杰（2003）认为职业经理人即企业家。张维迎（2002）认为，职业经理人是以企业经营管理为职业的社会阶层，运用全面的经营管理知识和丰富的管理经验，独立对一个经济组织（或一个部门）开展经营或进行管理。提出较之企业家，职业化的经理就是依赖自身知识，而不是依赖于提供资本获得回报。邱显平（2001）将职业经理人定义为职业化的企业家，是特有的、稀缺的人力资源，能够激活且能有效组织各种自然资源和社会资源以及资本资源并承担企业经营风险。金波（2004）认为"职业经理人不是一般意义上的厂长经理，与企业的所有者是两个完全不同的概念，职业经理人是市场经济的人格化"。

中国职业经理人联合会于2002年发布了《中国职业经理人资格评价标准》，将职业经理人定义为具备良好的品德和职业素养，能够运用所掌握的企业经营管理知识以及所具备的经营管理企业的综合领导能力和丰富的实践经验，为企业提供经营管理服务并承担企业资产保值增值责任，经营管理业绩突出的职业化的企业中高层经营管理人员。职业经理人按等级划分为准通用或专业职业经理人、通用或专业职业经理人和高级通用或专业职业经理人三个等级，并规定了各级职业经理人的素养和能力方面的基本条件。该评价体系认为符合我国国情的职业经理人评价因素体系应该由职业道德、知识、职业能力和经营业绩四项组成。上海市劳动与社会保障局出台的《职业经理人职业标准》中将职业经理人定义为："运用全面的基于胜任力模型的中国职业经理人市场研究经营管理知识和丰富的管理经验，独立地对一个经济组织（或一个部门）开展经营或进行管理的人。"

2013年，第十八届三中全会通过《关于全面深化改革若干重大问题的决定》，党中央首次从方针和政策层面明确提出"建立职业经理人制度"。之后中国职业经理人协会以洪虎会长为代表的一批经历过中国改革开放和现代企业制度建设历程的卓越之士，动员和组织了一批高校和科研机构，各省、市职业经理人协会，一些卓越企业的出资人和职业经理人，以及各级政府、金融机构中的相关管理人员，对于新的特定时期中国职业经理人的概念界定、队伍形成和培育，职业资格认定和水平评价，职业经理人权益维护与管理等进行了长时间认真研究和梳理。中国职业经理人协会会长洪虎进一步阐述了职业经理人的定义，提出：（1）职业经理人必须是企业雇员中的领军人物，他不仅是企业经营管理人员的领军人物，而且是管理企业专业技术人员和技能型人员的最高负责人，是企业雇员的统帅。（2）职业经理人必须是企业出资人直接聘用的顶级雇员。他们是公司董事会、独资企业的业主及合伙制企业的普通合伙人直接聘任的雇员，非顶级雇员的企业经营管理人员不是职业经理人。（3）职业经理人必须是企业的核心高管人员，非企业高管人员不是职业经理人，非企业核心高管人员一般也不是职业经理人。（4）职业经理人必须是人才市场可以配置的企业经营管理人员中的高端人才，通过出资人与职业经理人的双向选择，实现择人与求职的各自目标。担任企业经理职务最终是由企业出资人或业主决定的。（5）职业经理人必须承诺并坚守把担任企业经理职务作为一种社会职业选择，并应该具有人才市场认可的职业资质。这是在职业特质方面，职业经理人群区别于其他职业人群的重要内容。只有经过社会化的职业资质评价合格的经理人，才是明晰的职业经理人队伍的成员。实施职业经理人制度，是国企改革的一项重要举措。

2.2 职业经理人的特征

为了解职业经理人在管理实践中的实践中所表现的特征，以下将在分析其与生产者、管理者、企业家、领导者、财产所有者、技术人员等人员区别的基础上，探寻职业经理人的特征及表现等。

（1）职业经理人与企业家。企业家是企业的缔造者，他开创企业并对企业进行经营，承担着投资风险和创业风险，是企业的所有者。企业家不是一种职务，而是那些在商业活动中有眼光，能发现市场机会和企业前途，有胆量、敢开拓、敢创新的人才。职业经理人，一般是企业发展壮大过程中，在企业所有权和经营权分离时进入企业，主要从事企业日常经营管理及重大决策执行的人才。当然，也有企业家创业以后，转而成为职业经理人的，如微软的总裁比尔·盖茨。这种情况要求企业家在创业之后，及时学习管理知识，弥补知识结构的不足，以实现角色的转化。

（2）职业经理人与管理者。管理者是指挥别人活动的人，其概念较广泛，存在于一切社会组织之中，而职业经理人只存在于企业之中。即使在企业组织中,管理者的范围也大于职业经理人。管理者处于操作者之上的组织层次,可划分为基层管理者、中层管理者和高层管理者。基层管理者通常被称为监工、领班等,他的下属是操作人员。基层管理者通常不是职业经理人,职业经理人一般是企业的中、高层管理者。即职业经理人一定是管理者,而管理者不一定是职业经理人。

(3) 职业经理人与领导者。职业经理是被任命的,他们拥有合法的奖励和处罚权,其影响力来自企业赋予他们所在职位的正式权力。相反,领导者则可以是任命的,也可以是从一个群体中产生出来的,领导者可以不运用正式权力来影响他人的活动。在理想情况下,所有职业经理人都应该是领导者,但领导者不一定是职业经理人。

(4) 职业经理人与于生产者。相对于生产者,相对于普通员工,职业经理人是管理者、是领导者、是领头人。两者是管理与被管理的关系,职业经理人需要做管理者应该做的事两者又是相互依存的,职业经理人必须通过生产者、普通员工的工作才能实现管理目标,生产者也必须在职业经理人的带领下开展工作。

(5) 职业经理人与财产所有者。职业经理人是经营者,在企业的组织架构中,根据委托—代理关系,职业经理人由财产所有者聘用,在相应职责范围内,对团队进行科学管理。职业经理人是"管家"。职业经理人为财产所有者管理资产,妥善安排企业内的各项生产经营活动。职业经理人是执行官。财产所有者应当把自己的主要精力集中放在制定发展战略等重大决策上,需要把执行决策的职能交给职业经理人来完成。而职业经理人的职责就是把财产所有者的战略决策付诸实施,在执行决策层面发挥自己的作用。这里需要说明的是,一个职业经理人可以同时又是企业的股东,他有权享受财产所有者的权利,但是他也必须按职业经理人的准则办事。

(6) 职业经理人与一般专业技术人员。职业经理人是特殊专家,职业经理人是专业化的人员,他与一般专业技术人员不同的是,这是一个依靠自己的特殊专业技能即管理和运作企业的技能的群体,其行为必须符合专业水准。职业经理人是专业管理者,他不一定要掌握企业内部所需要的全部的工程专业技术,但一定得精通管理,这是他的职业特色。再就是,一般专业技术人员在工作时,不需要与社会各界发生太多的接触与联系,而职业经理人这种特殊专家,因其"经理"、"管理"特性必定与企业内外诸多利益相关者发生利益关系。

由上述分析可见，职业经理人是以企业经营管理为职业的社会阶层，职业经理人产生的历史背景及发展历程，决定了职业经理人是企业雇员中的重要群体，有着特殊的职业特征，这种特殊性表现在，职业经理人的职业具有两重性。一方面，职业经理人受企业委托并代表后者，在委托的范围内展开经营活动，对企业所有者来说职业经理人是雇员；另一方面，职业经理人是企业的直接管理者，可以决定一般员工的去留和在企业中的所有活动。综合来看，职业经理人在管理实践中的特征主要表现为：

第一，专业技术性。职业经理人的工作涉及面很广，尤其是高层职业经理人面对的是动态复杂的外部环境。恰当履行岗位职责，职业经理人需要掌握丰富的企业管理知识、具备现代经营管理理念、掌握现代管理技巧、拥有特定行业的专业知识和专业管理经验等。因此，工作中他们在专业方面拥有一定的优势。

第二，代理行为。职业经理人的工作是代理行为职业经理人以经营管理企业为职业。作为经营管理者，他接受企业所有者的委托，代理所有者行使经营管理企业的职权，企业所有者与职业经理人是委托人与代理人的关系，职业经理人的工作是代理行为。在企业所有者与职业经理人的委托—代理关系中，委托人与代理人之间存在信息不对称，而委托人对代理人进行监督又存在监督成本，因而不可避免地会出现所谓"代理问题"，即代理人为了自身利益可能会作出损害委托人利益的行为。

第三，职业性。不同企业从事相同类型活动的经理人员通常都接受相同类型的训练，就读于相同类型的学校，阅读相同的书刊，参加相同的协会，支薪经理这一职业变得越来越职业化，现代管理学院的成立和职业管理顾问的出现对支薪经理的职业化具有非常重要的意义。因此，职业经理人具有良好的职业道德、职业素养和职业心态，注重规划自己的职业生涯，重视自己的职业声誉。他们在决策时宁愿选择能促使公司长期稳定和成长的政策，而不贪图眼前的最大利润，因为公司的持续存在对其职业发展至关重要。对个人来讲职业经理人以经营管理企业为职业，对整个社会来讲职业经理人则是一个职业阶层。职业经理人的职业具有较强的流动性职业经理人以自己的知识、管理能力和经验作为资本投入到企业中，这种无形资本所具有的流动性，决定了职业经理的职业具有较强的流动性。从某种意义上说，职业经理人的价值是在流动中实现的，是其自身价值在市场中的体现。职业经理人的流动，一方面是因为其自身发展的需要，通过流动实现其价值的最大化，另一方面，企业发展同样需要职业经理人保持一定的流动。

第四，受薪阶层。钱德勒在其著作《看得见的手——美国企业的管理革命》多次运用"支薪经理"、"专职的支薪经理"、"支薪高级职员"等术语，说明了职业经理人是受薪阶层这一特点。从付出劳动的特点来看，职业经理人的劳动不同于一般的劳动，不能作为一般的劳动要素来对待，而应归属于人力资本范畴，而现代公司治理结构已经从货币资本单边治理模式逐渐向人力资本与货币资本共同治理的双边治理模式转变。因此，职业经理人的报酬制度不同于一般劳动者的工资制度，应从资本的角度进行设计，需要协调人力资本与货币资本的关系。协调两种资本之间的关系从制度角度来讲需要构建人力资本激励机制与约束机制。激励机制的设计主要是经济利益激励、权利和地位激励等。

第五，契约化。技术的创新、人口的迅速增长和扩散以及人均收入的增加，使生产和分配过程更为复杂，同时也增加了经此过程的物质流动的速度和数量，现有的市场机制通常已不再能有效地协调这些流量。因此，新技术和扩大中的市场首次显现了管理协调的必要性。为了执行这一功能，企业家建立了多单位工商企业，雇佣了管理他们所需要的经理人员。"契约"是职业经理人与企业之间关系的纽带，也是职业经理人进入企业后开展工作的依据——企业内部交往关系的"契约"使职业经理人从上司那里获取权力，并使权力对下属有效力。这里的契约不仅仅指传统的契约，更重要的是"心理契约"。

第六，市场化。人力资本不是机构认定的，而是市场评价的结果。职业经理人人力资本的价值只有在市场竞争中才能够真正体现出来。没有职业经理人的市场化也就没有经理人的职业化，经理人作为管理劳动要素的拥有者必须通过经理人市场进行交易。要实行经理人的职业化落脚点就是要建立完善的职业经理人市场。这样才能实现职业经理人在市场流动中寻求适合自己的位置。

第七，品牌化。职业经理人的市场化特征决定了其应该走品牌化之路。从整个社会来看，需要塑造职业经理人队伍的品牌。而对每一位职业经理人来讲，要注重塑造自己个性化的品牌，这样才能在市场竞争中脱颖而出。职业经理人可以通过明确自己的品牌定位、打造品牌知名度、创造品牌美誉度等途径塑造和维护自己的品牌。

第八，风险性。职业经理人的职业具有较大的风险性。职业经理人必须面对来自各方面的压力，在市场经济条件下，职业经理人既要面对来自企业外部竞争对手的压力，又要面对实现企业所有者效益最大化的压力，时刻存在被解聘的风险。企业所面临的一切风险，如经营风险、决策风险、财务风险、政策风险等，职业经理人都要面对，因此职业经理人必须具有较强的风险承受能力。能够在企业经营方面具备专业能力，在工作中承担责任，掌握权力，享受利益。

2.3 职业经理人的分类

近年来，各种产业发展很快，企业规模越来越大，企业经营的种类越来越多，经营行为及活动方式越来越复杂，职业经理的数量也越来越多，类型也越来越多。随着现代企业制度中结构组织越来越复杂，越来越多的职业经理工作领域被开发出来，帮助企业管理规模巨大，种类繁多的下属机构。到目前为止，至少有七种类型的职业经理已被人们认可。可以归纳如下：

（1）传统的职业经理职位，向企业法人或董事会负责，处于金字塔顶端，其下有若干职能部门向他汇报并负责。

（2）总经理之下的各部门经理，属于传统的中层干部，他们不负责考虑企业其他部门的短期经营计划，只专注于经营好自己的部门。

（3）企业集团总经理，他不负责各分公司的具体经营行为，更多的时间只肩负战略设计和远程规划，以及协调企业集团间关系，他向企业法人负责，其他分公司经理向他负责。

（4）分公司职业经理，这种职业经理的类型和传统总经理相似，在各自的组织中居于金字塔顶端，但他只向总经理负责，不直接向董事会汇报。富有较多中期经营责任，通常他的要职责就是重视具体项目的利润。

（5）子公司职业经理，这一类型与分公司职业经理相似。但是他们的企业内部下属雇员较少，而且人际关系也不仅仅专注于企业内部，还有许多平行关系需要协调。他们向上级汇报，但只具有较少的企业整体责任。子公司职业经理在很大程度上依赖企业的帮助。

（6）产品与营销型职业经理，这种类型的职业经理的管辖范围更小，依赖其他企业部门来运转。几乎所有的营销人员都向他汇报，他则负责协调与该产业相关的生产人员和计划人员之间的关系，他只求完成任务，几乎不负担长期策略规划责任。

（7）经营型职业经理，是人们最熟悉的一种职业经理，主要负责短期生产经营活动，几乎所有的生产人员、销售人员和服务人员都向他负责。典型的经营型职业经理，可能就是某家工厂的领导，仅对计算利润负部分责任，具体事务则交给个体机构去完成。

2.4 职业经理人在企业管理中的作用

（1）建立平衡机制，塑造公司文化。作为职业经理人，要在企业发展过程中发挥应有的作用，必须通过平衡机制的建立，平衡自身在企业中作用。这里涵盖了多个方面：第一，平衡企业内部的力量分配，优化资源的配置，举个例子，要平衡企业内部部门与部门之间的力量，假如有些部门力量单薄，将大大影响企业整体的发展水平，为此强化管理，优化资源的配置；第二，平衡发展速度。一旦公司处在某个时期发展速度减缓时，要采取措施，加速企业发展，如果发展过快，就必然从管理上下手，确保发展质量，提高企业效益。除此之外，要在公司文化上下工夫。创建具有强大凝聚力的公司文化，团结广大员工，从而使公司的发展能够集中于一个方面，同时，要做大做强企业文化，让优秀的文化影响员工的工作和生活，尤其对管理层的决策要产生积极的作用。

（2）传授管理理念，培养锻炼下属。作为职业经理人，还担负一项极其重要的任务，就是团队的组建工作，指导团队科学开展工作，为实现企业的发展目标，必须通过所有员工的共同努力来完成。作为领导，能够把工作做好，首先要确保团队的同心协力，其次每一个人都能尽其所能，发挥应有的作用，充分发挥积极性，能够开拓创新，指导团队开展工作，全力以赴实现企业的发展目标。要与下属保持良好的沟通，真正懂得他们的所想所说，有针对性，获取对方的信赖，得到大力支持，能够对企业绝对的忠诚，讲奉献。

与此同时，要协调好职业经理人工作，保证每一个成员都能不遗余力地工作，确保管理效果更佳。

（3）制定发展战略，追求自主创新。当前，我国正在大力创建创新型国家，需要更多的创新型企业崛地而起。从某种意义来讲，企业自主创新活动的核心就是职业经理人。它们在很大的方面决定了国家实力的强弱，企业需要自主创新，职业经理人功不可没。所以作为职业经理人，应重视自主创新，将其作为企业发展的重要战略对待。只有认识到这点，企业就会有美好的未来。现代企业发展过程中，作为职业经理人，一方面负责设计创新发展战略，另外一方面组织开展各种创新活动。优化创新环境。熊彼特强调，创新是职业经理人的主要职能。他认为，职业经理人的创新活动包括以下四种情况：引入一种新产品或一种产品新质量；采用一种新的供给来源；开辟新市场；实行一种新的企业组织形式。另一方面，对生产要素进行新的组合，当职业经理人把产品特征、生产技术、营销方法、供应来源以及组织形式按照新方式加以组合时，他就打破了旧有的产品供求体系。职业经理人的职责就是通过创新，实现企业生产、经营、管理等各方面的新的组合。职业经理人的这种创造性工作，是企业利润的主要源泉。

（4）科学授权和分工，组织企业生产。阿尔钦和德姆塞茨指出，企业是一个团队活动，它能够创造出大于单个成员从事生产经营活动净收益之和的组织租金。这种组织租金的取得是企业各资源所有者合作的结果。组织工作就是从企业合作需要产生的。马歇尔指出，生产要素的最佳组合不能自动产生，职业经理人的职能就是将土地、劳动、资本等各项生产要素组织起来，组织可以看作是一种在其他生产要素之外独立的生产要素。只有借助于组织，资本和劳动才能得到有效的利用。日本著名管理专家土谷敏夫认为，企业是一种组织，凡组织均有等级，每一个等级的人员均在上一个等级人员的领导下工作，因此企业是有条理的组织。为了提高企业各资源所有者合作的效率，职业经理人要根据工作的要求与人员的特点，设计岗位，通过授权和分工，将适当的人员安排在适当的岗位上，用制度规定各个成员的职责和上下左右的相互关系，形成一个有机的组织机构，使整个组织协调地运转。

2.5　职业经理人制度

职业经理人制度是指一整套有关职业经理人认证培养、选聘、激励约束、评价、退出等的法规制度和运作机制。职业经理人制度为企业提供了日常经营管理的人才，是市场经济规律下人才的流动机制。职业经理人制度的建立有赖于完善的法人治理结构、规范的职业经理人管理机制以及健全的职业经理人市场。

（1）完善的法人治理结构。职业经理人的引入应以权责明晰、有效制衡的法人治理结构为基础。建立以董事会为核心的现代企业治理结构，充分授权董事会选人用人的权利，规范董事会制度建设，实现董事会与职业经理人的契约化管理。

（2）规范的职业经理人管理机制。职业经理人的引入是实施职业经理人的第一步，为使职业经理人更好的为企业服务，必须建立规范的职业经理人管理机制。在保证给予激励性薪酬的同时，要建立有效的约束机制，保证职业经理人从股东利益出发，最大化地实现企业资本的保值增值。

（3）健全的职业经理人市场。健全的职业经理人市场是优化配置职业经理人的基础。经理人市场提供充足的市场供给以及有效的市场需求，并为职业经理人提供培训、认证、信息搜集等全方位服务体系。此外，良好的法律环境、文化环境也是必要条件。

2.6　职业经理人的素质要求

综合职业经理人的特征以及在企业发展中的作用和地位来看，职业经理人必须有过硬的管理素质和操守，主要包括良好的职业操守，能够达到职业道德和专业规范要求；高超的专业技能和丰富的管理经验；成熟的职业心态，能较好地把工作热情和务实作风结合起来；作为受薪阶层，通过自己的管理经验与技能参与社会分配获取报酬；适应市场的需要并合理流动。中国职业经理人协会认为，职业经理人资质包括职业资历和职业素质。职业资历包括职业经历和职业业绩；职业素质包括职业素养、职业能力及技能、职业知识及技术。职业经历和职业业绩只能靠培养获得，不能靠教育获得。职业素养主要靠环境熏陶和自我修养获得，职业能力及技能主要靠实践锻炼和自我知识转化获得，职业知识及技术主要靠接受教育和自我学习获得。职业资质的教育和培养的目的，着眼于全面提高职业经理人的素质。职业经理人制度是一项全社会的、推进企业经理人实行"职业化"的人力资源综合治理制度。这项制度应该包括政府层面、社会层面和企业层面的治理制度。职业经理人制度体现了对企业经理人在市场化、专业化和国际化的基础上实现职业化的综合要求。具体来看，作为一个合格的职业经理人素养应具良好的素养，包括道德素养、文化素养、能力素养、心理素养等。

2.6.1 道德素养

道德素养是衡量一个职业经理人素质的首要指标，决定这个职业经理人是否可靠。道德素养是人在社会生活中形成并应该承担的可以进行善恶评价的素养。它是社会关系的产物，是在人与人的社会交往中产生的。这些来自社会关系又伴随着主观认同的规定成为道德责任的内容。道德素养作为一种德行力量，正是体现在对这些客观规定的坚持和恪守中，是人们对自己行为的善或恶、正义或非正义所应承担的道义上的素养。职业经理人的道德素养主要包括敬业精神、创新精神、开拓精神和宽容精神。

①敬业精神。敬业精神是职业经理人的重要素质。职业经理人要对董事会负责、对员工负责、对社会负责，忠于职业操守，遵守职业经理人游戏规则。

②创新精神。创新的时代要求职业经理人必须具备创新意识和创新能力。一是观念创新。职业经理人的经营观念是企业发展的指导思想，决定着企业的发展方向。职业经理人要通过不断学习更新知识，改变原有的思维方式，始终保持一种积极向上、奋发有为的精神状态。二是技术创新。这是决定企业竞争力的重要因素。技术创新赋予企业低成本和独具特色的差异化优势，不断使消费者潜在的、模糊的需求清晰化、具体化，从而不断地创造新的市场需求，缩短产品的生命周期，提高企业的经营效益。三是组织创新。即不断地实施企业组织变革，建立起以有机和弹性为基本特征的企业组织结构。

有机就是富有生命力，如该组织是学习型组织等；有弹性就是富有伸缩性，即该组织可以自我发展与变化。

③开拓精神。职业经理人要有开拓精神，这是因为在新的时代，机会与市场稍纵即逝，只有走在市场前头，才能获得丰硕的利益回报。职业经理人的开拓精神主要表现在企业战略的制定和实施、企业生产能力的扩张和缩小、新技术的开发和运用、新市场的开辟和占领、生产品种的增加和淘汰，以及产品价格的提高或降低等方面。

④宽容精神。职业经理人要整合企业内部资源，履行其组织、领导和控制职能，创造良好的工作氛围，形成高效率团队，必须具备海纳百川的容量。职业经理人的宽容精神主要是指职业经理人具有愿意与人友好相处，愿意与他人合作的精神，其关键是容忍人才。一是容人之短。寸有所长，尺有所短。一个才能出众的人也有其短处。职业经理人选用人才要用人之长，容人之短，切忌猜疑和求全责备。二是容人之才。职业经理人要善于容忍才能高于自己的人，如果能把一些才能出众的人才紧紧团结在身边，并能集各家之长，形成合力，企业的成功就有了更坚实的基础。三是容人之过。人有失错，马有失蹄。每个人都可能有过错。在一些发达国家里，有的企业用人有一条规定：优先使用在经营中失利的人。这种做法不无道理，因为有过错误的人往往比有功劳的人更容易接受困难的工作。而且，容忍有过错的人，对有过错的人来说就是一种强大的激励力量，足以使其迸发出超乎常人的热情和干劲，完成常人难以完成的任务。四是容人之犯。职业经理人要学会容忍下属的批评，包括那些有损自己尊严的批评。这些批评中可能包含着许多合理的内容，职业经理人应当冷静对待，虚心接受其合理的部分，改进自己的工作。而且，那些敢于提出批评的人中，不乏对企业和职业经理人极为忠诚却秉性耿直、光明磊落者，以及善于思考、责任感强的人，应保护他们的积极性。

2.6.2 文化素养

一般来说，文化知识丰富的人思想都较为敏捷，考虑问题比较周详，也善于抓住事物的本质，并能提出相对完善的对策。正因为如此，多数企业选配职业经理人时，都非常看重候选人所受的教育程度，一般都选聘学历较高的人。职业经理人必须不断进行知识更新，即不断地掌握最新的管理理论、科技动态、文化发展，并且能够将这些融会贯通，这是产生对某一问题有超越常人的看法和认识的基础，是保证职业经理人具备较高思维起点的关键，因为新知识新信息是对过去知识体系的冲击和发展，可以使人们在过去久思不解的问题上得到新的启迪。

2.6.3 能力素养

能力是一个综合概念，是人的素质结构、知识结构、专业结构的综合体现。职业经理人的业务能力主要包括以下六个方面。

①出色的决策能力。职业经理人常常被大公司和新兴高技术公司聘用，这些公司面对复杂的市场环境和纷繁复杂的问题，因此，职业经理人只有具备出色的决策能力，才能做出正确的决策，领导企业走向成功。

②识别、选拔、任用、考核评价和激励人才的能力。无论职业经理人多么出色，都不是全才，需要有一批杰出的人才在其周围担任高级经营和管理职位，这些人才是否具有与其配合做好工作的能力，则取决于职业经理人的识别和选拔能力。能够识别、选拔、任用人才，而不会评价和激励，也会造成人才流失，或使人才的积极性受到压抑。知人善任，心胸开阔，亲和力强，能发现和挖掘人的潜质并加以培养和使用，是提高这方面能力的主要途径。

③战略规划设计和组织执行能力。美国 ABB 公司董事长巴尼维克曾说过："一位经理人的成功，5% 在战略，95% 在执行。"企业战略就是围绕企业发展方向和所要实现的目标，进行优化配置资源，以及与此相适应的经营管理体制的设计。企业的战略要通过战略规划设计来体现，职业经理人要有战略规划设计和组织实施的能力，这是确保企业长期发展的必备素质之一。战略规划能力要通过长期的企业管理经验积累。职业经理人要亲自主持企业战略规划设计而不是让下属越俎代庖，要准确把握外部经营环境现状及对未来变化准确预测。组织实施能力实际上取决于职业经理人的意志力，如果确认所设计的战略是正确的，就要坚定不移地去推进，不要因为一时的挫折、一些人的不理解而影响战略推进和实施的速度。

④营造和谐气氛、创造蓬勃向上企业文化的能力。企业是一个组织，是由许多员工组成的团队。任何一个企业都有运作规则和规章制度，这是共性

的东西。共性的东西是企业成功的基础要素，而不是决定因素。仔细研究那些成功的企业，往往是个性的东西起决定作用，这个个性化因素就是企业文化、团队精神。优秀的职业经理人，都有营造和谐的企业内部氛围、创造蓬勃向上企业文化的能力。这种能力在四个方面有突出表现：首先是团队价值观的形成；其次是团队发展目标深入人心并成为团队每个成员的共同追求；再次是团队中每个人追求的差异性与团队价值观和发展目标的有机统一；最后是有宣传鼓动能力，激发团队热情。

⑤人际交往能力。这要求经理人具有关心人、理解人、说服人的本领，善于察言观色，与人促膝谈心，把握住其思想脉搏，循循善诱，因势利导。在人际交往中，能够扩大接触面，建立广泛的工作联系，沟通思想、联络感情、平易近人，善与人和。如果经理人成为下属的知音，那必然会获得下属的鼎力相助。这也是职业经理人在"信息海洋"中不至于呛水、淹没的一个必备条件。

⑥灵活应变能力。"信息海洋"变幻莫测，需要职业经理人审时度势，随时能够处在最大化发挥能力的位置上，否则，既浪费人才，又会造成工作的失误。

2.6.4 心理素养

职业经理人拥有健康的职业心态，对提高工作绩效是非常必要的。心理健康已成为现代人越来越关注的一个重要问题，积极的心态是成功、健康和快乐的源泉。对于职业经理人来说，具有健康的心态是成功的一半。我们现在处在一个充满竞争和变化的时代，也可称为"精神压力时代"，对承担巨大风险的职业经理人来说，其精神压力更是不言而喻。如此巨大的压力，势必会使许多人不能及时化解压力而产生心理障碍。在繁忙的工作中，职业经理人一定要保持健康的心理状态。特别在职位、薪酬、成就感等方面，要调整自己的人生价值观，使其与社会发展相协调，与经济趋势相一致。职业经理人健康的职业心态，主要反映在三"心"上。一是工作要有信心。始终以饱满的热忱对待工作，树立自信心。敢为人先，勇于冒险，不惧挑战。这既是凝聚人心、振奋士气、形成团队战斗力的必备条件，也是克服企业内外压力必备的心理条件。

二是待人要虚心。要充分认识到企业员工的各种长处，在平时的工作中不断地听取他们的意见与建议，发生分歧时要注意平等待人，以理服人。只有这样，才能不断地丰富、完善自己。要心胸宽广，要勇于接受公司的一些缺陷。

三是遇到困难要有恒心。职业经理人在工作中遇到困难是在所难免的，关键是在困难面前要有百折不挠、锲而不舍的精神，并尽心尽力地为之克服而努力。事业越是伟大，困难就会越大，挫折就会越多，因为利润越大，竞争就越激烈，竞争对手越强。面对强手，要有与狼共舞的勇气，要有不怕失败、屡败屡战的勇气和意志。此外，强健的体魄也是对职业经理人的基本要求。工作的高负荷和快节奏对职业经理人的身体素质要求很高，注意作息规律、饮食营养和适量运动的结合。锻造一个强健的体魄、保持旺盛的精力是职业经理人的基本功。职业经理人素养对于职业经理人个人而言，决定其人力资本价值和职业生命；对于企业而言，很大程度上决定企业经营管理水平，从而影响企业的生存和发展；对于国家而言，培养一支规模宏大、高素养的职业经理人队伍，决定了国家整体经济竞争能力。因而，国家、企业和个人要加大人力资本投资，培养造就一支高素养的职业经理人队伍。

2.7 本章评述

职业经理人是以经营管理企业为职业，掌握着企业的经营决策权，其行为直接关系到企业的生存与发展，激烈的市场竞争要求职业经理人必须具备以下几个方面的素质和能力。

（1）以诚实信用为核心的道德素质。道德素质是衡量职业经理人的首要指标，也是其生存之本。这种道德素质包括：第一是对股东、对企业的忠诚，把维护企业利益、确保企业资产保值、增值和实现股东投资价值最大化作为自己的经营管理目标；第二是高度的敬业精神，即尽全力履行职责；第三是严守企业商业秘密，包括曾经服务过和正在服务的企业。

（2）以卓越的管理才能为核心的专业素质和复合型知识结构。职业经理人的专业素质包括管理方面的专业素质和所从事行业的专业技术，应包括：有卓越的管理才能，既有长远的战略发展观念，又有具体可行的管理办法和手段;能敏锐地把握国内外市场的变化,并从变化中抓住机会;适时调整企业的战略和决策;有团队精神,善于塑造企业文化;有与时俱进的精神,随时掌握前沿知识信息和管理手段;重视人力资源开发,注重员工的培训和继续教育,将企业培养成一个学习型和创新型组织。职业经理人还应具备复合型的知识结构。复合型知识结构的特点是精深的专业知识和宽广的知识面,即职业经理人应具有"T"型知识结构。"T"字的"横"是指职业经理人知识的广博性,职业经理人的知识面不能局限在管理知识上,还应掌握相关学科的知识,如哲学、自然科学及社会科学的一般知识等;"T"字的"竖"则是指职业经理人专业知识的精深。

(3)以决策能力为核心综合能力素质。能力是职业经理人素质的外在表现,职业经理人的能力素质是综合性的,主要包括:一是决策能力。管理就是决策,职业经理人对企业的决策系统负有全面的责任。职业经理人只有具备出色的决策能力,才能作出正确的决策,领导企业走向成功。二是协调能力。职业经理人必须善于与人沟通,包括:与客户和外部关系的沟通、与上级管理者的沟通、与同僚的沟通以及与下属的沟通。三是创新能力。创新是职业经理人的核心能力之一,它表现为在经营管理活动中,善于观察旧事物的缺陷,准确地捕捉新事物的萌芽,提出大胆的设想,进行周密的论证,拿出可行的方案并付诸实施。职业经理人的创新能力包括:观念创新、技术创新、组织创新和制度创新。四是承担风险的能力。职业经理人作出决策时由于存在各种不确定性,不确定性就意味着存在风险。企业所面对的一切风险,职业经理人都要面对。同时,由于经营失败会使职业经理人的声誉受损,从而使其人力资本贬低,职业经理人还必须面对人力资本的经营风险。

(4)其他素质。职业经理人的素质要求是多方面和综合的,除了上述三种素质外,还应该具备经验素质、法律素质、良好的心理素质和身体素质。

中国职业经理人信用评价
体系构建及管理研究
Chapter 3

第3章 基础理论及相关研究综述

3.1 相关基础理论

3.1.1 委托代理理论

委托代理理论是契约理论最重要的发展之一，研究在利益相冲突和信息不对称的环境下委托人如何设计最优契约激励代理人。美国经济学家比瑞勒和马恩斯（Berle and Means，1932）最早提出了委托代理理论，提倡企业实现所有权和经营权的分离，所有者让渡经营权保留剩余索取权。委托代理理论主要是指委托人通过明示或隐含的契约，指定或雇佣代理人为其服务，授予代理人一定权限，并根据服务数量和质量支付相应报酬。杰森和马克凌（Jensen and Meckling，1976）认为委托代理关系是一个人或一些人委托另一个人或一些人根据委托人利益从事某些活动，并相应地授予代理人某些决策权的契约关系。随着人们对复杂的经济现象研究的不断深入，委托代理理论从简单的双委托代理理论发展为多代理人理论、共同代理理论、多任务代理理论。哈勒马斯（Holmstrom，1982）、撒佩特和德玛思科（Sappinngton and Demski，1983）、马可森（Malcomson，1986）、保恩（Bohn，1987）、瑞莫森（Rasmusen，1987）、瑞森马和泽恩戈（Rasmusen and Zenger，1989）、历威特（Levitt，1995）、百斯特尔和斯塔兹（Bester and Strausz，2000）等多代理理论的研究学者认为，代理人的行为之所以难以观察，主要是因为观察成本过高，而观察多个代理人相互间的行为信息成本可能并不高。恩纳黑姆（Ernheim，1985）和韦斯特（Whinston，1986）针对多个生产厂商共同委托一个代理商从事生产的现象提出了多代理理论，即"多个委托人——单一代理人——单一代理事务"的代理模式。哈勒马斯和弥勒葛玛（Holmstrom and Milgrom，1991）提出了多代理理论，用于说明当代理人接受委托人多任务委托时如何进行最优的契约设计。

委托代理理论有两个假设前提：一是委托人和代理人之间利益相互冲突，代理人因而有可能利用委托人委托的资源决策权谋取自己的利益，即可能产生代理问题，有必要建立某种机制契约以协调两者之间相互冲突的利益；二是委托人和代理人之间信息不对称，因此委托人必须设计某种契约或机制，诱使代理人选择适合委托人利益的最优努力水平。委托代理理论主要研究委托代理收益、委托代理成本、激励与约束机制等问题。委托代理理论作为企业理论的分支是伴随着现代公司制企业的诞生与发展而逐渐形成的。由于信息不对称及委托人和代理人的效用函数的不同，两者会产生利益冲突，使得代理人做出偏离委托人利益的行为，引起道德风险问题的发生，也就是产生了委托代理问题。

从20世纪80年代开始，詹森和梅克林运用"代理成本"概念分析存在于股东和职业经理人之间的冲突。在论文《企业理论：管理行为、代理成本和所有权结构》一书中，他们指出，代理成本来源于管理者不是企业唯一所有者这一事实，因为当管理者不拥有企业的全部所有权时，其金钱收益与非金钱收益的替代率小于1，管理者会倾向于更多的非金钱收益。代理成本主要包括：（1）合约成本；（2）委托人监督和控制代理人行为的控制成本；（3）保证代理人做出最优决策的保证成本；（4）代理人决策偏离委托人利益最大化或完全执行合约的成本超过收益使委托人承受的利益损失。法马（1980）在《代理问题和企业理论》中提出，通过报酬安排以及企业家市场可以减缓代理问题并于1983年进一步提出，股票市场为企业股东提供了一个外部监督机制，声誉机制能够解决企业所有权和经营权分离而带来的激励问题。哈里斯和拉维夫（Harris and Raviv，1989）研究了不完全信息下的最优激励问题，提出当且仅当代理人是风险中性的或代理人的行动与财富之间不存在事后不确定性时，对代理人的监督是不必要的。换言之，最优风险分担安排会解决代理人的道德风险问题。哈特（Hart，1998）从不完全合同的角度研究了企业财务结构对管理者行为的约束作用。阿尔钦和德姆塞茨通过重新说明企业的意义和揭示在怎样的环境下管理资源的成本低于由市场配置资源的成本，开辟了研究企业理论的另一路径，即团队生产理论。霍姆斯特姆（1979）研究了委托代理中的信息问题，他提出利用附加信息来改善委托人和代理人效用的思想，把某种类型的信号写进激励合同会使委托人和代理人的境况同时变好，这为相对业绩比较提供了一定的理论基础。霍姆斯特姆（1982）把法马的思想模型化，建立了代理人声誉模型，并且认为声誉机制是企业显性激励的替代物。霍姆斯特姆和泰若勒承接团队生产理论的研究认为，所有权应当与那些贡献最难估价的投入要素相联系，提出利用权利安排与要素贡献估价相联系的思路以有效解决激励问题。激励问题在委托代理理论中处于核心地位，它既包括对代理人的激励，也包括对委托人的激励。在代理契约中，如何确立一个最优的风险分担规则，并使其能体现最优的成果分享，确定对已实现的总成果如何在委托人与代理人之间合理地进行分配，使之对这两个方面都能产生最好地激励效果，促使他们为最大限度地提高总的经营成果而共同努力，以实现两者之间的目标一致性。此外，组织内部业绩评价系统被看作委托代理关系中降低代理成本的有效工具。一方面科学严密的业绩评价系统可以及时反馈代理人的工作状况，降低信息不对称的程度，从而阻止代理人的道德危机和逆向选择行为。另一方面通过业绩评价系统，可以传递组织战略目标与具体任务，引导代理人的生产经营行为与委托人的目标协调一致，从而降低代理成本，提高管理效率。再则，以此为基础建立激励机制，按照利益共享。风险共担的原则，可以鼓励管理者既为自己也为组织谋取最大利益。

职业经理人则是伴随现代公司制而诞生的一个职业阶层，其与企业所有者之间形成了委托代理关系。在委托人（企业所有者）与代理人（职业经理人）信息不对称的情况下，如何选拔合适的职业经理人来经营和管理企业、如何对职业经理人进行客观地评价、如何构建有效的激励约束机制规避职业经理人的机会主义行为与道德风险就成为企业所有者关注的问题。

3.1.2 声誉理论

声誉理论源于经济学，其中为声誉交易理论作出重要贡献的两位经济学家是马尼拉斯（George Mainlath）和萨缪尔森（Larry Samuelson），认为声誉是一种与物质资产和金融资产相类似的资产，是逐步建立和消失的，也需要投资和维持。马瑞森德（Morrisonand）和威赫姆（Wilhelm）指出个人声誉属于人力资本，是一种不可交易、不可替代也不可编纂的资产。管理学对声誉的研究大多集中于激励理论。威赫姆（Wilhelm）研究了团队声誉及怎样实现团队中的激励相容问题。塔蒂历（Tadelis）用一个包含道德风险与逆向选择的动态一般均衡模型研究了声誉市场对职业经理人生命周期激励的影响，认为激励与年龄无关，并且有能力的代理人不能比相对无能的代理人要价更高。声誉的丧失将是有相当大成本并且会对合伙关系产生致命的影响。

3.1.3 契约理论

契约一词，俗称合同、合约或协议，英文为 contract（or compact, or covenant）。《法国民法典》（即《拿破仑法典》）第 1101 条规定："契约为一种合意，依次合意，一人或数人对于他人或数人负担给付、作为或不作为的债务"。契约理论包括古典契约理论、新古典契约理论和现代契约理论。古典契约思想的源头，就是世俗而言，可以追溯到古希腊，就宗教而言，可以从《圣经》中找到。霍布斯、洛克、卢梭、孟德斯鸠等人创立的社会契约论，对古典契约理论产生了重大影响。受完全竞争支配，古典的契约思想具有三个特点：一是契约是具有自由意志的交易当事人自主选择的结果，他们所签订的契约不受任何外来力量的干涉。二是契约是个别的，不连续的。三是契约的即时性。针对古典契约理论涉及到的一些经济学范畴基本上缺乏严密的定义和逻辑论证，从 20 世纪 70 年代开始的边际革命，以瓦尔拉斯、帕累托、阿罗—德布鲁为主要代表德研究者建立了现代经济学的基本框架和分析范式，并考虑了资源可获得性的不确定性和生产可能性的不确定性，也研究了信息不对称和不完全性问题。相对而言，新古典契约关系是一种长期的契约关系，当事人关心契约关系的持续，并且初步认识到契约的不完全和事后调整的必要。新古典契约理论主要有以下几点：第一，契约的抽象性；第二，契约的完全性；第三，契约的不确定性。现代契约理论是近 20 年来发展起来的主流经济学最前沿的研究领域。现代契约经济学的研究是从一整套概念、范畴和分析方法开始的，在研究过程中，还创造了一系列模型、公式和类型。现代契约理论首先区分了完全契约和不完全契约，提出了与显性契约相对应的默认契约，指出最优契约需要满足的条件：第一，要求委托人和代理人同担风险；第二，能够利用一切可利用的信息，也就是说，在经济行为者隐藏行为或隐藏信息时，要利用贝叶斯统计推断来构造一个概率分布，并以此为基础设计契约；第三，在设计机制时，其报酬结构要因信息的性质不同而有所差异，委托人和代理人对未能解决的不确定性因素和避免风险的程度要十分敏感。

心理契约于 20 世纪 60 年代初由组织心理学家阿格瑞思（Argyris, 1956）最先引入管理学领域，但他只是提出了心理契约的概念，并没有给出确切的定义。早期的心理契约理论主要认为心理契约是双方对相互之间责任和义务的感知和期望。立威森（Levinson，1962）将心理契约描述为"未书面化的契约"，是组织与雇员之间隐含的、未公开说明的相互期望的总和。思科奈（Schein，1965）将心理契约定义为时刻存在于组织成员之间的一系列未书面化的期望，他将心理契约划分为两个层面，即个体水平和组织水平。卡特尔（Kotter，1973）将心理契约界定为存在于个人与组织之间的一份内隐契约，它将双方关系中的一方希望付出的以及从另一方得到的回报具体化。针对早期定义的争议，心理契约的研究又开始围绕研究对象是员工本身还是员工和组织展开，一派以瑞森和瑞博森（Rousseau and Robinson）为代表，认为心理契约研究应该集中在员工层面上。把心理契约界定为"在组织和员工互动关系的情境中，员工个体对于相互之间责任和义务的知觉和信念系统"；一派以英国学者格斯特（Guest）、何瑞特（Herriot）和瑞博斯特、（Pemberton）等人为代表，遵从心理契约提出时的原意，提出广义心理契约定义，指雇佣关系双方，即组织和个体对关系中所包含的义务和责任的理解和感知。随着狭义定义的引入使心理契约的界定更为清晰和具有可操作性，当今越来越多的研究者采用定量方法对心理契约进行实证研究，研究主要沿着心理契约的内容构成和其动态发展过程这两条主线展开。虽然即使到了今天，心理契约的含义还是存在争议，但界定这一概念的关键是它的本质：心理契约涉及的是雇佣双方就相互关系中必须付出和得到的一种主观信念，其核心内容是双方内隐的不成文的相互责任和义务。

心理契约是一个复杂的心理结构，研究者们通过多方面的研究得出了三种普遍性的心理契约结构学说，单维结构说认为心理契约包含有交易型和关系型两种成分。关系成分关注的是长期的情感因素，相互关系是灵活的。交易成分关注的则是具体明确的关系，它包括看得见的经济投入和技能投入。交易成分和关系成分分别是一个连续体的两个极端。二维结构说分别把交易成分和关系成分称为交易型契约和关系型契约，认为它们是两个相对独立的维度。三维结构说认为心理契约由三个维度构成：交易维度、关系维度和团队成员维度。后两个维度是从二维结构中的"关系维度"中分离出来的，一个指向事业和工作方面，另一个指向人际交往和人际关怀方面。综上所述，我们可以看出员工心理契约的结构具有不稳定性。造成这不稳定的原因可能是多方面的，比如竞争环境、组织运作方、经济环境、文化因素、行业特点差异等等，我们在实际选择和运用时应该充分考虑自身实际情况。

契约有显性契约，也有默认契约（即隐性契约）。心理契约就可以看作是这样一个用以阐述雇主和雇员相互间责任和义务的期望的复杂协议。这个协议之所以是复杂的，是因为签约双方虽然知道存在这样一种协议，并且在自然状态之前知道自己的契约内容和契约类型，但却不知道对方契约内容和契约类型，换句话说，雇主不知道自己的哪些承诺会让雇员产生期望，雇员也不知道自己的哪些承诺会构成雇主的契约项目。在这样的情况下，雇员的回报不仅包括雇主为其提供的收入报酬，也包括雇员对契约履行状况的心理感受所产生的效应，雇主的回报也不仅是可以直接观察到的产出水平，也包括因雇员对心理契约履行状况的心理感受导致的雇主效应的变化。因此，所有者在设计职业经理人激励机制时，必须认清职业经理人心理契约的特点以及心理契约如何影响职业经理人行为选择，从而制定职业经理人隐性激励机制，然而这一点，目前的研究却极少涉及。

3.1.4 信号传递和信号甄别理论

信号传递和信号甄别都属于信息经济学的分支，信息经济学是非对称信息博弈论在经济学上的应用。非对称信息导致逆向选择，从而使帕累托最优的交易不能实现，在极端情况下，市场交易甚至根本不存在，甚至出现逆向选择。期望买卖双方在交易中达到信息对称以消除逆向选择是不现实的，而且买卖双方为改善信息分布结构而传递和搜寻信息的努力均需要支付成本，且许多情况下成本都非常高。但是，如果拥有私人信息的一方有办法将其私人信号传递给没有信息的一方，或者，后者有办法诱使前者揭示其私人信息，交易的帕累托就可以出现。信号传递模型。"自然"选择代理人的类型，代理人知道自己的类型，委托人不知道（因而信息是不完全的）；为了显示自己的类型，代理人选择某种信号，委托人在观测到信号之后与代理人签订合同。例如，卖车的人向买车的人提供一定时期的维修保证，请独立的工程师（或汽车维修厂）对质量进行检查等。对卖主来说，车的质量越高，维修保证的预期成本越低，所以高质量的车主提供维修保证的积极性显然大于低质量的车主，买者将维修保证看作高质量的信号，从而愿意支付较高的价格。信息甄别模型（screening model）"自然"选择代理人的类型，代理人知道自己的类型，委托人不知道（因而信息是不完全的），委托人提供多个合同供代理人选择，代理人根据自己的类型选择一个最适合自己的合同，并根据合同行动。例如，在保险市场上，投保人知道自己的风险而保险公司不知道，保险公司就提供不同的保险合同供投保人选择，投保人根据自己的风险特征选择最优合同。信号传递与信号甄别的差异就在于，在信号传递中，有私人信息的一方先行动，而在信息甄别中，没有私人信息的一方先行动。信号传递理论可以理解为激励机制的一个特例，使得拥有私人信息的一方（代理人）说实话。

3.1.5 信息经济学理论

信息经济学研究的是非对称信息结构下的博弈及其最优的交易契约（合同），故又称为契约理论，或机制设计理论。信息的非对称性可以从两个角度划分：一是非对称发生的时间，二是非对称信息的内容。从时间看，非对称可能发生在当事人签约之前，也可能发生在签约之后，分别称为事前非对称和事后非对称，对应的模型分别为逆向选择模型（adverse selection）和道德风险模型（moral hazard）从内容看，非对称信息可能指某些参与人的行动（actions），也可能指某些参与人的知识（knowledge），对应的模型分别为隐藏行动模型（hidden action）和隐藏知识模型（hidden knowledge）或隐藏信息模型（hidden information）。职业经理人取得了企业的经营控制权，因此他们的素质已成为影响企业绩效的关键因素之一。但是，职业经理人的能力是在先天因素和后天教育培养的基础上长时间形成的，在短时间内难以改变，而职业经理人的工作努力程度和诚信度等也受到职业经理人个性的影响。因此，招聘到高素质的职业经理人是构建职业经理人评价体系至关重要的一环。信息不对称导致的逆向选择问题使职业经理人市场的有效性大受影响。要解决此问题，信息优势方、信息劣势方和市场监管者都可以从不同角度采取措施，减轻甚至解决信息不对称带来的问题。如前所述，信息的不对称性会衍生出两类代理问题：逆向选择（adverse selection）和道德风险（moral hazard）。西方经济学者研究代理人绝大部分都是设法解决或缓解这两类基本代理问题，其中信号传递主要是解决逆向选择问题。斯宾塞（Spence，1973）指出，解决信息不对称的一个重要方法是信息显示。在信息不对称的市场上，市场的参与者可以调整自己的信息发布。即拥有更多信息的一方为了得到更好的交易结果，会采取令人可信的方式将信息发布给缺乏信息的一方，这种方式被称为"发出信号"，因此，在企业所有者与职业经理人合作决策的过程中双方的信号传递对双方做出正确的选择都是至关重要的。除了双方的共同努力以外，作为可以成为双方合作桥梁的职业经理人协会也可以通过建立职业经理人信用档案充当信息发布者的角色，以提高企业选择时的信息透明度。同时，协会也可以为职业经理人提供企业的相关信息以供职业经理人参考。

3.1.6 激励理论

由于信息不对称，委托代理关系中出现了"逆向选择"和"道德风险"问题，为解决这些问题形成了激励理论。目前，管理实践中主要有管理激励和产权激励两种激励理论。其中，管理激励理论是从心理学和组织行为学的角度来解释激励理论，以人的心理需求和动机为主要研究对象，包括马斯洛需求层次理论、阿德佛 ERG 理论、默里的需求理论、赫茨伯格的双因素激励理论等。组织行为学的研究方法得出，对经营者激励约束机制的设计要以满足其合理需求为出发点。经营者需求的满足可以诱导其为企业的经营目标而努力。

产权激励理论的核心观点是产权激励理论是提高企业经营业绩的关键。产权明晰是企业经营绩效的决定性因素，产权明晰就是要确定资产和剩余索取权的归属。强调产权私有和剩余索取权的归属对企业绩效是至关重要的（Grossman and Hart，1986；Hart and moor，1990）。企业资产只有为私人拥有，才能满足产权的排他性和构建企业拥有者对资产关切的有效激励制度。由于所有者和经营者目标函数的背离，为了减低代理成本，提高经营业绩，需要合理设计经营者的激励合同或者将剩余控制权和剩余索取权交由同一人，使决策者承担决策的全部责任。激励约束机制是职业经理人制度的重要环节，激励理论为企业对职业经理人的激励约束机制提供了重要参考。根据管理激励论，企业要为职业经理人提供市场化薪酬，满足经理人的合理需求。产权激励论则启发企业可以为经理人提供一定的股票和期权激励，使经营者和所有人成为利益共同体。

在两权分离的情况下，由于委托人和代理人之间的信息不对称和企业经营面对的不确定性，可能会存在受贿行为、道德风险和败德行为。由于信息不对称，职业经理人可能会利用比企业所有者掌握更多的生产经营信息的优势去逃避委托人的监督和控制。因此企业所有者往往会设计各种激励机制去激励职业经理人。哈维茨（Hurwiez）创立的机制设计理论提出：在市场经济中，每个理性经济人都会有自利的一面，其个人行为会按自利的规则采取行动。而往往个体理性难以达到整体理性的结果，这样就会使企业所有者和职业经理人不但难以获得最大的收益，而且只能获得更少的收益。如果能有一种制度安排，使行为人追求个人利益的行为，正好与企业实现集体价值最大化的目标相吻合，这一制度安排就是"激励相容"，即激励双赢。"双赢"（win-win）早在20世纪80年代西方发达国家兴起的第五波兼并浪潮时就出现了，其特征是同业间超大规模的企业合并，如波音与麦道的联合，它改变了以往"大鱼吃小鱼"的兼并模式而代之以一种被专家称为符合双方利益需要，能创造出"1+1>2"效应的双赢整合。这种基于双方利益增长的双赢理念迅速被世人认可并广为宣扬。由此可见，双赢策略是指在合作过程中各参与方对各种相互联系又相互制约的利益冲突，在各自原则立场的基础上，兼顾其他参与方的利益，做出各方都能接受的选择，完成最佳利益分配的冲突管理策略。

3.1.7 博弈论

博弈论（game theory），又叫对策论、游戏论。它是一门研究相互影响着的参与人进行策略选择时的行为规律的科学。它所研究的是这样一种情景：存在若干参与人（即博弈的参与者）；每一参与人有一系列可选择的策略（行动方案）；博弈结果取决于参与人策略的组合。博弈类型包括完全信息静态博弈、完全信息动态博弈、不完全信息静态博弈、不完全信息动态博弈。在职业经理人招聘选拔过程中，企业和职业经理人之间的信息是不对称的。一方面，企业对职业经理人的信息知之甚少，职业经理人可能通过欺骗、夸大自己的能力等来获取企业的信任，从而得到应聘的职位。另一方面，企业的信息职业经理人也不一定完全了解。因此，职业经理人的招聘选拔过程其实就是双方相互博弈的过程。

3.2 信用的相关概念

3.2.1 信用

《辞海》中对信用的解释是"以诚信用人,信任使用遵守诺言、实践承约,从而取得别人的信任"。《中国大百科全书》将"信用"视为一种借贷活动,这种价值运动是具有特殊性的,是以偿还为条件进行的。狭义的信用属于经济学范畴,指的是经济活动中的资金借贷行为和商品赊销行为。广义的信用,即"诚信",它是一种普遍的处理各种社会关系的总和。2005年9月15日,国际信用评估与监督协会发布了广义信用的新定义广义信用即诚信,即履行承诺,是一个行为准则,属于道德范畴与法律范畴。信用可以分为两类个人信用和职业信用。

3.2.2 个人信用

个人信用是社会诚信最直接的表现,也是社会诚信的基础。市场主体是由个体组成的,市场交易中所有的经济活动,与个人信用息息相关。一旦个人行为失之约束,就会发生个人失信行为,进而出现集体失信。因此,个人信用体系建设具有极其重要的意义。个人信用不仅是一个国家市场伦理和道德文化建设的基础,更是一个国家经济发展的巨大资源。开拓并利用这种资源,能有效推动消费,优化资源配置,促进经济发展。市场经济越发展,个人信用所发挥的功能越重要,个人信用体系的完善与否已成为市场经济是否成熟的显著标志之一。

国际上对形成和影响信用的因素有多种的评价方法,如5C因素、3F因素、5P因素等。主要从个人的品行、偿付能力、资金、抵押担保及条件等多方面来考察个人的信用评价。在现行的个人信用研究中,针对金融领域的个人信用居主导地位,因此个人信用也被称为金融版个人信用。金融版个人信用所提供的内容包括个人在商业银行的贷款和信用卡信息,个人在社会保险、国土、税务、法院、公安、工商等部门的信息,以及个人在商业机构和公共事业部门中的信用信息等。钟楚男(2002)将个人信用划分为个人经营信用和个人消费信用，认为个人信用是企业信用的人格化和具体化。陈昊杰，姜明辉（2015）认为个人信用可以理解为在某种契约信任基础上，对个人信用程度作出综合评估，对其偿付意愿以及偿付能力进行综合考量，经过评估的个人可以不用马上付现即可得到商品或者服务。王建丽（2011）认为个人信用评价的最终目的是要全社会逐步形成诚信的风气，其构建的个人信用评价体系包括基本情况、信用行为和守信能力。其中信用行为包括信用行为活跃度，守信能力包括收入以及消费。

3.2.3　职业信用

职业信用是受信人从事某一职业或担任某一职位时，在职业规范要求的基础上，在履行职业行为的过程中所表现出来的关于职业技能、职业道德和各方面素质的综合记录和评估。简单的说职业信用就是指职业人在诚信度、合规度、履约度方面的信誉和能力。职业信用是个人商业信用、资产信用、信贷信用的基础，它反映个人学识和经验提升的过程、工作责任的承诺与遵守、职业形象、收入或财产来源的渠道，甚至身体健康的状况，是企业识别和配置人力资源的基本依据。

这种信用对于用人单位来说意义更大，职业信用也被称为职业版个人信用，职业信用主要应用于求职招聘领域，其信息内容包括户籍基本信息、身份校验信息、高等教育信息、社会保险信息、职业变动信息、工作单位信息等。通过查询职业版个人信用信息，招聘单位可以迅速了解应聘者的个人学识及工作情况，及时发现编造虚假教育背景和工作经历等不诚信行为。因此职业经理人信用体系中的内容也相应地包含了职业经理人个人信用信息和职业信用信息。

3.2.4　商业信用

商业信用是社会信用体系中最重要的一个组成部分，由于它具有很大的外在性，因此，在一定程度上它影响着其它信用的发展。从历史的维度而言，中国传统的信用，本质上是一种道德观念，包括两个部分：一个部分为自给自足的以身份为基础的熟人社会的私人信用，另一个部分为相互依赖的契约社会的商业信用。商业信用的主要形式有应付账款、应计未付款和预收货款。

新中国成立后，我国商业信用具体经历了三个阶段：第一个阶段在国民经济恢复和"一五"计划期间，我国曾较好地发挥过商业信用的积极作用。第二个阶段是从第二个五年计划至1978年前，除只准对采购农副产品和制造长期的大型设备可预付定金外，其余一律禁止运用商业信用。第三个阶段是从改革开放至今，商业信用在我国逐步放开，范围逐步扩大，并发挥了较大的积极作用。

3.2.5 信用评价体系

信用管理是对信用交易进行科学地管理，对个人的资信状况进行有效的管理。信用管理的内容包括征信数据的收集与处理、信用立法与之行、信用管理教育、政府对信用行业的管理等。信用体系是指确保与他人约定的契约能够履行的诸多护卫联系因素构成的一个有机整体。建立信用体系的目的在于通过建立具有法律强制性的外部约束力量规范个人信用活动中当事人的信用行为，引导个人守信守约，从而建立起信用良好的市场经济秩序。

目前在国内还没有成熟的职业信用评价体系，国内的职业信用更多以信用担保、信用档案的形式进行的。国家人力资源和社会保障部全国人才流动中心推出的专业致力于"职业信用"的服务平台——中国职业信用管理平台，利用大数据等互联网技术，通过职业人职业信用档案的建立，构建职业人职业信用体系。该平台是我国社会信用体系的重要组成部分，与银行信用体系具有同等地位，是职业人在从业过程中被所经历企业给予的各项奖惩等表现的总结，是用人单位非常重要的参考依据。

3.2.6 信用评估模型

信用评估模型是对企业的偿债能力、履约状况、守信程度的评价。信用评估模型是针对所评估的对象建立起来的一系列因素及其打分标准，其最后结果是用量化的数值来体现所评估对象的信用风险。评估模型是评估的工具。通过建立一些规则，我们也能对企业进行评估，但评估模型的科学建立，将使评估结果量化，使评估方法更加全面、客观、统一，从而评估结果更具说服力。

建立一个信用评估模型，其预测性意义是非常重要的。除了采用科学的评估模型建立方法外，信用评估的经验也十分重要，一旦一个或多个关键性的变量发生重大变化，评估结果就可及时地发现信用品质的变化，如果等到恶化至违约爆发出来，投资人、授信人或合作伙伴遭受损失之后，再来宣布信用等级的变化，将完全失去信用评级的功能与价值。由此看来，信用评估的内涵远比表面来得深奥，它是量化质化兼具、主观客观并重、智力与慧眼并用的一项知识和智慧相结合的工作。

3.3 职业经理人信用相关研究综述

3.3.1 个人信用研究综述

个人信用制度在欧美发达国家已经存在了 160 多年，个人信用体系已经相当完善。我国有关个人信用制度的研究起步较晚，从 20 世纪 90 年代起，才开始有学者研究我国个人信用的发展。艾洪德、蔡志刚（2001）认为，建设我国个人信用体系应充分借鉴西方发达国家的经验，考虑以下几个方面：实行个人信用实码制和计算机联网查询系统、建立个人信用账户体系、建立个人信用管理机构、建立科学评价指标体系、培育专业的个人信用评估机构、创建必备的外部环境、落实相关的配套措施、健全相关的法律法规。王爱俭、孟昊（2001）则认为，我国个人信用体系应包括个人信用登记制度、个人信用评估制度、个人信用风险预警制度、个人信用风险管理制度和个人信用风险转嫁制度。并从宏观层面和微观层面讨论了具体的实施措施。从我国学者的研究中可以看出，我国个人信用体系主要包括法律法规体系、征信机构体系、信用评价体系和征信监管体系四个方面。

当前我国尚无有关个人信用征信的专门法，仅有国务院于 2013 年 1 月 21 日公布的《征信管理条例》和一些地方性的政府部门规章来指导和规范征信活动。李新天和朱琼娟（2003）通过比较西方英美法系和大陆法系有关个人信用立法的利弊，提出我国应采取概括式与列举式相结合的综合立法模式，建立征信法律法规。一方面，学习大陆法系国家采用统一立法规定信用基本概念和内容，确认信用权；另一方面，学习英美法系由各单行部门法来规范各个不同应用领域中的信用交易活动。王锐（2002）等人认为在我国民法中应该确认消费者的隐私权为一项独立的人格权，并且制定专门的个人信息隐私保护法律和针对个人信用征信体系的公正信用报告法。姚朝兵（2013）也认为我国有关个人信用征信方面的立法应充分保护个人信用信息隐私权。

耿得科和张旭昆（2011）分析了世界各国建立征信机构的模式，认为当前我国由中国人民银行主导构建的公共征信机构，符合我国的基本国情，具有经济上的必然性和合理性。季伟（2014）则提出要坚持公共征信模式，建立政府部门的信息共享机制，同时也要构建多层次的个人征信机构体系。国内大多数学者赞成建立公共征信机构的观点，但是，随着互联网金融的发展，私营个人信用征信机构也开始出现。目前，我国的个人信用征信机构体系主要由以中国人民银行征信中心为主导的公共征信机构，以及芝麻信用管理有限公司、腾讯征信有限公司等八家商业征信机构构成。

我国在个人信用评价领域的研究大致可以划分为三部分，即信用评价指标体系建设、数据处理以及个人信用评估模型。程艳琴和肖振宇（2003）运用专家评分法和模糊综合评估对个人信用资产价值的评估指标体系、评分及其评估细则做了实例研究。刘扬和刘伟江（2006）针对定量确定信用评分模型指标体系上的应用提出了机器学习领域的特征选择方法，对多种特征选择方法进行了比较试验。刘征（2006）解决了决策树、K近邻以及神经网络模型在处理数据时存在的过度拟合的问题。肖文兵和费奇（2006）通过研究发现支持向量机在个人信用评价方面具有很理想的判别度，用该方法处理数据，不但速度快，而且具有很好的可持续性。张成虎和李育宁（2008）利用真实的个人消费信贷数据，选择适合的字段作为指标变量并进行归一化处理，结合个人信用评分的特点，选择BP神经网络算法建立了个人信用评分模型。目前建立个人信用评分模型所使用的方法非常多，主要有有判别分析、Logistic回归、决策树、最近邻法、线性规划、神经网络、遗传算法等。在我国个人征信监管现状及问题方面，陈潜（2003）认为，我国个人征信市场化运作模式的特点已显现，但存在运作不规范现象，尚未形成有效的行政管理机制与行业自律机能。朱庆伟（2008）、王爱红（2009）等人认为我国个人征信业监管体系中，监管法律法规建设滞后，市场监管无法可依；行政监管措施执行不力，监管效率低下；行业缺乏自律机制，市场监管欠规范。关于个人征信体系监管模式的现实选择方面，邱峰艳（2010）认为，法律法规、政府行政监管、个人征信业行业自律三个层次的有机配合，是个人征信监管体系有效运行的基本保障，因此，我国应逐步建立以法律法规为依据，以政府行政监管为主体、以行业自律制度为辅助的征信监管模式。

目前，我国学者的研究主要集中于个人信用评价体系和征信法律法规体系，对其他两个体系的研究相对较少。随着个人信用征信业务的发展，私营个人信用征信机构的不断出现，个人信用征信市场将越来越繁荣。这就需要合理的监管措施和行业规则，来促进征信市场的健康发展。因此，学者应加大这方面的研究力度，以早日完善我国个人信用征信体系。

3.3.2 职业信用研究综述

目前学者有关职业信用的研究较少，现有文献主要集中于讨论建设个人职业信用档案。董宏林（2006）等人在论证了建立科技人员职业信用档案的必要性、建档前提、信用信息的最适当征集主体及征信模式之后，提出了科技人员职业信用档案框架及建档必需的信用信息内容。张春昕（2009）认为我国事实上已经具备了建立职业信用档案的现实基础和群众基础，并给出了建设信用体系的流程。

有关职业信用评价体系的文献更是罕见，仅有几篇研究了相关内容。丁娟娟和陈新辉（2006）从背景、个性心理、工作能力等七个方面，采用多层次模糊评价方法，建立企业管理人员职业信用评价体系。周国强（2013）运用云模型的基本理论，研究适合于多个考察期的员工职业信用评价方法，并通过实证研究证明了该方法的可行性。

目前在国内还没有成熟的职业信用评价体系，国内的职业信用更多以信用担保、信用档案的形式进行的。由国际劳工组织、国家劳动与社会保障部、中国人民大学、中国职业经理学院和中国劳动争议网专家共同研发的职业信用管理项目是国内做的比较前沿的项目，他们为会员企业提供员工的职业信用查询、职业信用担保、背景调查服务，主要针对员工的以下八个方面进行跟踪调查：教育背景、工作背景、离职背景、管理能力、工作技能、劳动纠纷、财务问题以及犯罪记录。会员企业可以享受到包括查询员工职业信用、登记员工职业信用、不良职业信用、预防争议处理、免费指导以及其他关联服务等。

3.3.3 职业经理人信用研究综述

北京大学光华管理学院张维迎教授在《质疑中国经理人的道德操守》中提出完善产权制度改革、完善法律制度、加强内部激励机制建设以及加强对职业经理人的教育在《家族企业的成长与职业经理人》一文中，张维迎对家族企业中如何起用职业经理人以促使企业的进一步壮大提出了自己观点，认为家族企业要聘请职业经理人，必须在法律明确保护私有产权的前提下，首先解决企业的内部治理机制，再从外部强化职业经理人的职业道德，才能实行。还有的认为应从完善职业经理人市场的角度出发，完善个人信息传递机制。清华大学经济管理学院院长、教授魏杰提出"职业经理人市场上要形成应有的职业经理人档案。这种档案中的一个重要内容是有关中介机构从职业经理人的受聘史及受聘业绩等方面对职业经理人的能力及道德的评价，以便使职业经理人能内在地对自己的行为负责和接受市场的约束，从而形成有效的市场约束。"以及一些咨询机构的有关人员，如深圳市连才咨询公司黄波就曾经提出过建立职业经理信用体系，将有关经理人的职业经历、任职情况、经营业绩、过失评说等个人职业资料，对员工要进行全方位的整体评估，其对于企业发展是相当有利的。对于职业经理人的监督有一套比较完善的运作机制，主要以委托—代理关系为基础，以市场机制经理市场、产品市场和资本市场等为主导，以法制为保障。

目前对于职业经理人的评价体系多集中于绩效、资历等职业评价，而对于信用评价较少。高冬梅（2001）、刘湘国（2003）等利用西方国家的研究方法和思路，完整地分析了我国职业经理人信用危机以及重要性。对于如何解决职业经理人信用问题方面，学者提出不同解决途径，如完善企业内部产权机制、博弈论等，许多学者认可建立信用档案对企业而言至关重要。魏杰（2001）认为外部约束引入职业经理人外部约束理论中，完善和规范职业经理人的流动市场，建立职业经理人档案，对职业经理人的受聘史及受聘业绩等方面对职业经理人的能力及道德的评价，从而形成有效的市场约束。刘武和王东颖（2006）认为，职业信用不同于商业信用，职业信用的建立不仅有特殊的意义，还具备可行性，应充分发挥现有人事档案系统的作用。黄波

(2004）提出企业无法掌握所聘用经理人的素质问题、诚信问题、犯罪记录等职业信息，将导致在管理中很大的被动，使得一些素质不高的职业经理人伤害企业的事故时有发生。赵远东（2012）基于信任理论分析了家族企业与职业经理人之间的相互信任关系，认为影响职业经理人信任的因素主要包括：企业内部控制机制、企业文化、相关法律及规章制度、职业经理人自身素质、企业与职业经理人合作时间、职业经理人所担当的职务等。

在研究方法上，许多学者选择了委托代理理论来对职业经理人信用体系进行研究，如唐兰（2007）、丁慧（2010）、刘温（2010）等。其中丁慧则指出委托代理问题的出现不是简单的职业经理人的道德问题，更主要的是信用的评价体制问题。唐兰通过调查问卷的形式获得一手数据并进行整理处理，提出了职业经理人信用体系模型，模型包括征信系统、动态维护系统、运行与保障系统以及信用报告出具四个方面。其构建的职业经理人信用体系，包括个人信用和职业信用。个人信用中包含个人的基本信息以及个人金融生活的信用信息。赵金国（2013）构建了包括个人信用、职业信用、职业能力和职业认证四个方面的职业经理人的评价指标体系。孙卫敏（2007）从利益相关者的角度提出了信用评价应纳入对职业经理人的评价指标体系中，并确定了包括个人信用、职业信用和职业资格认证的职业经理人信用评价体系。姜琳琳（2016）从职业经理人个人信用和职业信用两个维度构建职业经理人信用评价指标，并提出相关建议。

还有一些学者在构建影响信用评价指标后确立了指标权重，从而建立了完善信用评价体系。刘温（2010）通过文献研究法和逻辑分析法找出现在职业经理人评价中认证体系不完善、缺乏对行为过程的约束等问题，结合企业对职业经理人的要求，在一定数量问卷调查的基础上将职业经理人的信用评价指标大致分为财务指标和非财务指标两个一类指标并对其进行不断细分为八个二级指标，利用层次分析法（AHP法）对每个指标进行相对合理地赋值，形成了较为完善的指标体系。同时其对职业经理人信用评价体系的应用以及对经理人的提升作用进行了详细的描述，整个系统更加完整和实用。但他提取指标时过于简单，指标量化程度也不够高，并没有有效地去除主观因素的影响，同时还有待进行进一步的实证研究。丁娟娟和陈新辉（2006）、代文锋（2008）确立的影响职业信用的指标包括管理人员背景、个性心理、工作能力等七个方面，并运用层次分析法法确定指标和权重，给出了企业管理人员职业信用等级的模糊评价方法,丁娟娟还提出在实际应用中,根据企业性质、人才类型的不同对指标进行增减和修改。后者则采用层次分析。黄子建(2007)提出利用现代信息技术特别是网络技术,构建职业经理人信用信息管理系统。赵明非和冯冬燕(2006)提出国内企业可以通过建立员工工作轨迹的"红黑榜"进行人才绩效评估。

从近年的研究来看,职业经理人信用档案的重要性已越来越引起理论界与实践界的重视,并将其与职业经理人与企业家之间信任的建立、经理人的职业化与职业经理人市场建设、职业经理人激励与约束等结合起来。但研究职业经理人信用评价体系的文献较少,孙卫敏(2007)、唐兰(2007)等学者是目前比较完整构建了职业经理人信用评价体系,但是忽略了实际应用中存在的操作问题,实际上我国征信体系尚不成熟,社会缺乏对诚信评价的认可度,如何提高相关利益主体(企业和企业经理人)对未来职业经理人信用评价的认同度,激发参与的积极性、进而提高评价数据的可获得性具有至关重要的意义。

另外,以往研究多从宏观架构的基础上研究职业经理人的信用评价问题,然而不同地区具有不同的就业和征信环境,这也使得职业经理人信用体系在实际应用中难点也不尽相同,不能一概而论。而且,对于职业经理人信用评价体系建设这样一个在我国市场还不成熟的理论,更适用于首先以某一区域为示范点,然后进一步推广到其他区域的战略,达到完善我国整体职业信用评价体系的目标。

3.3.4 商业信用研究综述

商业信用作为一种重要的短期融资工具研究主要集中在商业信用的存在动机、商业信用与银行信贷的关系等方面。对商业信用微观基础理论的研究主要集中于对其产生动机的挖掘与剖析上,现有文献中提出和归纳的动机主要可分为经营性动机和融资性动机两类,经营性动机是指企业为了降低成本扩大销售或平抑市场波动,以实现近期利润最大化目标乃至远期的经营目标,依据市场条件变化而做出的行为反应商业信用的经营性动机主要包括降低交易成本动机价格歧视动机质量保证动机和促销动机等。商业信用的降低(或节省)交易成本动机理论首创于 Schwartz(1974),之后由 Ferris(1981)进行了系统的阐述在该理论中，交易被假定为时间的随机函数，具有不确定性，如作为交易对象的商品的到货时间是不确定吮因而，在资产变现不易或变现成本很高的情况下，买方为了使交易能够顺利完成，必须在一个完整的周期内始终持有足额的现金。商业信用与中小企业融资在前面对商业信用使用的信贷配给理论表明信贷市场上由于不对称信息的存在而会导致信贷配给，信贷配给将对小企业更加不利，这是导致世界范围内中小企业融资困难的重要原因。而在中国，由于历史和制度方面的原因，国有商业银行在信贷分配中更易于侵害中小企业的利益，使其贷款愈加困难在这种情况下，商业信用作为企业融资的另一大来源，对中国的中小企业具有愈加特殊的意义。

在有关商业信用研究的现有文献中，对银行信用与商业信用之间关系的讨论可以概括为三种观点一是认为它们之间是互补关系，如库克（Cook，1999）通过对1995年俄罗斯352家企业的数据分析发现，使用商业信用的企业更容易得到银行贷款。恩里格森（Ellingsen，2001）通过对日本制造业部门的检验认为，它们之间是互补关系还是替代关系，取决于其他一些条件，如企业自身的财富（Burkart，2002）然而，更多的研究则表明它们之间是一种此长彼消的替代关系。梅里泽尔（Meltzer，1960）早在20世纪60年代就提出，当中小企业在获取银行信用困难时，它可以从供应商那里得到更多的商业信用，这意味着商业信用与银行信用之间存在相互替代的关系。卡勒米瑞斯等（Calomiris al，1995）的研究发现，在货币紧缩时期容易获得信贷支持的企业会向难以获得信贷支持的企业增开商业票据，即向它们提供更多的商业信用。通过研究得到这个结论的还有杰费伊（Jaffee，1971）、杜克（Duca，1986）、德拉费和杰格瑞（Deloof and Jegers，1996）、Petersen和Rajan（1997）以及马特恩特（Mateut，1992）等。卡勒尔（Kohler，2000）将这种由于商业信用对银行信用的替代而使货币政策失效的机制概括为"商业信用渠道"。银行信用渠道是指货币政策变化导致金融中介机构的信贷供给行为变化，从而对实体经济产生影响的机理；而商业信用渠道则是指货币政策变化会影响经济中提供商业信用（信用条件好）的企业的行为，从而使得接受商业信用（受信用约束）的企业的信用条件发生变化，由此对实体经济产生影响的机理由于银行信用供给量同货币政策变化的方向与商业信用供给量同货币政策变化的方向相反，即它们之间是相互替代的关系，所以这两种渠道并存削弱了货币政策的有效性。德米戈卡特和马科斯木维斯（Demirguc Kunt and Maksimovic，2001）进一步论述了商业信用渠道的存在，指出在不对称信息存在的信贷市场中，受信贷约束较弱的非金融性企业通过向受信贷约束较强的企业提供商业信用的行为，类似于在市场上充当一种"金融中介"的职能这种渠道的存在使受到较强信贷约束的企业能够从金融机构间接地获得贷款。

3.4 本章评述

目前国内外对职业经理人评价的研究主要侧重于绩效评价，少量研究成果虽然拓展到人力资本评价、社会评价等领域，但仅限于部分评价指标的设计，而专门研究职业经理人信用评价的文献很少，有限的研究也主要集中在个人信用、职业信用两个领域。另外，职业经理人信用档案的重要性已越来越引起理论界与实践界的重视，但对职业经理人信用评价的研究仅限于信用档案的建立，尚未形成一个完整的职业经理人信用评价体系。

中国职业经理人信用评价
体系构建及管理研究
Chapter 4

第4章 我国职业经理人发展历程及现状

4.1 我国职业经理人发展历程

我国最早提出"经理"一词是在司马迁的《史记》,而我国是在改革开放时期才出现现代意义上的经理,但当时商品经济发展不成熟,各类商品发展差异大,因此企业往往会针对不同类别划分不同经理,这就造成了人们对经理这一概念认识的差异和混淆。相对于发达国家职业经理人100多年的发展历史,我国的职业经理人队伍还很不成熟,它是与20世纪80年代现代企业制度改革一起登上历史舞台的,距今大约30年。而我国职业经理人的雏形最早则可追溯到80年代中期,乡镇企业高薪从国有企业挖人才充当其销售、技术和管理骨干。90年代以后,以所有权和经营权分离为特征的现代企业制度开始建立,公司治理结构受到广泛重视,职业经理人也就有了更广阔的舞台。China Professional Manager 简称是CPM,就是我们常说的中国职业经理人。20世纪末期,《公司法》出台,为职业经理人的职能做出了详细的规定,并且为其提供了法律保护。2001年11月10日,随着我国加入世贸组织(WTO),职业经理人的市场前景更加成熟,成为企业经营过程中重要的有生力量。

职业经理人属于"舶来品",在西方发达国家的发展已经相对成熟,但在中国其仍属于新鲜事物,我国学者对于职业经理人的概念还没有达成共识,多数人认为经营管理工作是长期职业,具备一定职业素质和职业能力,并掌握企业经营权的群体就是职业经理人。西方的职业经理人是在现代企业制度的建立导致西方企业所有权和经营权分离的大背景下产生的,经过100多年的发展,已经逐步形成了完整的制度体系,而中国职业经理人的出现要得益于市场经济的建立和改革开放的推进,随着传统经济体制的破除,我国企业改革大体上经历了放权让利、两步利改税、承包经营责任制、转换企业经营机制和建立现代企业制度等一系列阶段。国有企业和非国有企业的职业经理人群体初步形成,但职业经理人这一阶层始终没有形成,职业经理人市场一直处于萌芽阶段。

职业经理人的出现是中国企业发展的必然,在改革开放初期发展迅速,但在20世纪90年代中后期遇到了发展的"瓶颈":职业经理人市场评价体系还在探索，职业经理人规则还没有建立。造成发展"瓶颈"的原因有很多，其中最根本的是中国的绝大多数企业还没有做到所有权、法人财产权和经营权的分离，而这正是产生职业经理人的前提。我国职业经理人主要经历了如下三个发展阶段。

第一阶段：真正意义上职业经理人土壤产生。1978年改革开放后的十余年中国有企业转变为真正的企业，明晰产权结构，建立现代企业制度。

第二个阶段：1994年《公司法》正式实施，为经理人的职业化提供了法律依据。并对职业经理人的职权作了界定，随之而来的"中国职业经理人第一案——王惟尊案"更多的是在法律的范畴内对职业经理人市场规范作了全面的探索，从此打开了走向规范的中国职业经理人时代之门。

第三个阶段：中国加入WTO后，大量外资企业抢滩中国市场，并且为了应对"狼来了"的挑战，催生了职业经理人的巨大需求，无论是国有企业还是民营企业，呼唤职业经理人的声音空前高涨。

4.2 我国职业经理人市场环境分析

研究我国职业经理人市场面临的环境，对于我国职业经理人市场建设具有十分重大的意义。只有从我国职业经理人面临的现实环境出发，根据职业经理人市场建设的内在要求，不断优化我国职业经理人市场环境，才能建立适合我国国情的职业经理人市场，发挥对职业经理人这一市场经济最宝贵资源的配置功能。

4.2.1 我国职业经理人市场的经济环境

一个国家或地区职业经理人市场的产生、发展与成熟，与该国或地区的经济发展阶段、经济体制以及经济开放度紧密关联。

(1) 目前我国经济供求格局从长期短缺经济转变为供过于求的相对过剩的经济格局，使企业面临的市场竞争更加激烈，我国企业平均寿命为6.5~7年，中小企业平均寿命为2.9年。基于这样的经济背景，过去那种凭感觉靠经验、人人都能管理的时代已经终结，经营管理企业越来越复杂，专业化程度越来越高,对企业经营管理者的要求也越来越高。需要一大批经过系统的经营管理专业知识培训、有着丰富的经营管理企业经验、很强的整合企业资源能力的职业经理人,取得企业的经营管理权、控制权。市场竞争的客观要求成为推动我国职业经理人产生和迅速发展的巨大动力。

(2) 我国经济体制从计划经济初步转变为社会主义市场经济经过30多年"市场化"取向改革,我国已初步建立了社会主义市场经济体制,但相对于欧美等发达资本主义国家,我国市场经济体制还很不成熟,很不完善。从市场体系来看,我国商品市场相对发达,而要素市场建设滞后,特别是要素市场中的人力资源市场。人力资源是生产要素中最"革命"的因素,职业经理人市场作为人力资源的高端市场,其市场化程度是衡量整个经济市场化程度的重要标志,我国要完善社会主义市场经济体制,就必须大力推进人力资源市场化改革,加快健全我国人力资源市场。目前,我国社会主义市场经济体制已初步建立,市场已开始发挥资源配置基础性作用,这为我国职业经理人市场建设创造了制度前提和基础。但是,由于我国市场经济体制不成熟,人力资源市场化改革进展缓慢,相对于现代企业制度要求,其产权制度,特别是企业法人治理结构还很不规范。相当多的企业还没有成为合格的职业经理人市场需求主体,还缺乏引进、使用职业经理人的体制和环境;政府职能相对于过去有了很大的改进,但还没有从根本上适应社会主义市场经济体制要求,政企分开还没有实现,特别是对国有企业经营者,基本上实行行政任免,国有企业经营者的亦官亦商的两栖色彩还十分明显,国有企业经营者职业化市场化进程缓慢,这些都成为制约我国职业经理人市场建设的重要障碍。我国的职业经理人市场仅初见端倪。

(3) 我国已从过去封闭半封闭的自然经济初步转化为融入全球经济一体化的开放经济30多年的对外开放,我国经济已从过去封闭半封闭状态,逐步转入全方位对外开放的格局,特别是我国加入世贸组织使我国企业面临重大机遇,同时也面临严峻的"市场挑战"。随着外资企业大举进入,"国际竞争国内化,国内竞争国际化",我国企业面临的市场竞争更加激烈。企业要在激烈的市场竞争中求生存谋发展,要求企业切实提高经营管理水平,要求企业经营者的综合素养有更大的提高,实现企业经营管理的专业化和职业化,只有这样才有可能与国外企业抗衡。这是推动我国职业经理人市场建设的重大压力。外资企业的进入,也给我们带来了先进技术、先进经营管理理念、成熟的企业管理模式和大批高素质企业经理人才,特别是跨国公司本土化战略的推进,使外资企业成为我国职业经理人市场的重要需求主体,并将成为培养我国职业经理人的"黄埔军校"。我国目前出现的跨国公司职业经理人向国有企业和民营企业回流现象也充分证明,加入世界贸易组织,是推动我国职业经理人市场建设的重大机遇。

4.2.2 我国职业经理人市场的法律环境

"依法治国"是我们党的治国方略,经过多年的努力,现在已初步建立了适应社会主义市场经济要求的法律体系,在社会经济生活中基本能做到有法可依。但我国法律体系相对于欧美国家,还很不成熟,很不健全。虽然已建立了《公司法》《反不正当竞争法》《劳动法》等一系列法律法规,但还没有规范企业和老板行为的法律,关于老板和职业经理人的正当权益,还没有专门的法律保护,关于规范职业经理人市场的法律还是空白。我国提出了对合法私有财产的保护,这是我国法制建设史上的一次进步,对于形成私有财产保护制度具有重大意义。目前,企业所有者和职业经理人往往是凭感情、讲义气,通过契约来明确双方的权利和义务,运用法律来保护各自合法权益的意识不强。通过法律来规范双方行为,是引入和运用好职业经理人的关键,也是职业经理人市场健康发展的关键。司法成本高,地方保护主义相当严重。通过法律解决纠纷,时间长、风险大,这是制约我国职业经理人市场建设的重大障碍,特别是对我国众多的民营企业,更是制约其管理职业化的重要因素。

4.2.3 我国职业经理人市场的文化环境

与其他国家相比,中国是一个"家文化"传统最为悠久和深厚的国家,著名学者李亦园认为,中国文化就是"家的文化";杨国枢也认为,"家族不但成为中国人之社会生活、经济生活及文化生活的核心,甚至也成为政治生活的主导因素"。在这种"家文化"背景熏陶下,加之中国目前又处于计划经济体制渐渐失效、市场经济规则逐步建立的转型状态中,诞生"家族化"的企业,是非常自然的现象,尤其是民营企业,采取"家族化"经营更具肥沃"土壤"。中国的"家文化",不仅是中国民营企业"家族制"的文化根源，在所有华人企业中，都有中国传统"家文化"的泛化——"泛家族主义"现象。华人社会这种泛家族主义特征必然会对华人企业的治理结构产生影响，即使在企业规模扩大以后，选用了许多非家族成员，包括经理人，但仍然以"家"的理念管理企业。"泛家族主义"文化虽然对华人民营企业组织行为产生了至关重要的影响，特别是其以家庭关怀施之于企业员工，对激发企业员工的积极性和责任感有良好的正效应。但由于这种"家文化"企业到底难以形成对外部资源尤其是外部人力资源的真正信任，往往导致企业出现不稳定；家长制、"一言堂"体现于我国企业特别是民营企业，就是企业老板将自己视为企业的主人，要求员工甚至职业经理人唯命是从，严重影响着职业经理人的引入及其积极性的发挥，阻碍着企业管理的职业化进程；这就是民营家族制企业可以做大做强但不会走得太远的根源，它注定了家族化企业终究需要进行"革命"性的蜕变，以经理控制的现代企业制度来代替传统的家族制。

4.2.4 我国职业经理人市场的信用环境

信用制度包括法律形式和文化观念两种形态，是现代市场经济的一项核心制度。美国经济学家福山认为，社会信任是一种社会资本，无论对于家庭生活、社会稳定，还是经济组织效率，都有重要影响。汪丁丁（2004）认为，人与人之间大规模的分工合作，没有信用制度的支持是不可能扩展到家族或血缘关系支撑的范围以外的。对企业而言，社会信任度越高，社会开放程度越大，企业就越容易社会化。也就是说，在高信任度社会环境中，企业所有者才可以放心职业经理人出任企业经营管理者。可见，社会信用环境，对于推进企业经营管理职业化，建立健全职业经理人市场具有重大影响。马克斯·韦伯早在100年前就断言："儒家君子只顾表面的自制，对别人普遍不信任，这种不信任阻碍了一切信贷和商业活动的发展"。美国学者弗兰西斯·福山将不同的文化区分为低信任度文化和高信任度文化，他认为，中国几千年以"家文化"为核心的封建传统文化，讲究里外有别，亲疏有序，对外人的信用程度较低，因而整个社会信用程度不高，属于低信任度文化。雷丁（2002）认为，华人对外人的信任是有限的，"要推动华人家族企业通过实行西方所谓的管理革命，把权力移交给职业经理人员并把控制权与所有权分离，明显地存在着很大的困难"。

目前中国正处于传统道义信用规则扬弃，适合社会主义市场经济信用规则逐步建立的历史过渡期，传统规则的失范与新规则的残缺使社会出现了严重的信用危机。企业在这方面的感受尤为明显。由于我国市场经济发育不成熟，企业竞争行为不规范，加之企业内部管理监督不严密，私有财产保护的法律制度不健全，企业所有者和经营者不讲信用承担的机会损失较小，因此助长了企业中不讲信用的风气。信用缺失已成为制约我国经济发展不容忽视的问题，严重制约着职业经理人市场的健康发展。

4.3 中国职业经理人的发展现状及问题

改革开放以来，我国企业经过创业期的拼搏与奋斗，已经初步完成了资本的原始积累，开始进入了下一轮的发展阶段。在国际形势日渐复杂、企业间竞争日益激烈、管理者自身能力已不能满足企业发展需要的前提下，选择职业经理人的引入，是企业继续永续、稳健发展的有效途径，也是企业通过人力资本的整合来提高综合竞争力的有效途径。由于目前职业经理人制度在我国还属于发展阶段，市场还不成熟，职业经理人的综合素质不是很高，发展状况也是良莠不齐。美国的企业管理大师斯卡特帕瑞（Scoot Parry）研究发现，中国的职业经理人在能力方面与其他国家的职业经理人相比较的话，我国的职业经理人在"倾听和组织信息""清晰思考和分析"和"评估部署和绩效"等能力上均处于较弱势地位，在人际关系问题的处理上和认知能力方面都较弱势，需要尽快完善；但是在"目标与标准设定""计划与安排工作"和"决策与风险衡量"等方面均有突出表现，这一特殊群体急需改变自身的不足来适应企业及社会的需要与要求。

现代企业制度的产生。生产力的发展决定生产关系，企业内部生产关系为了适应资本主义市场经济的发展，必然要对企业制度进行改革，所有权和经营权的分离。分工日益细化，经营管理的专业性要求资本治理采用代理的机制来弥补所有权人专业上的不足。企业所有权和经营权分离最大的优点就是，可以使企业资源与经营管理人员达到最优的组合，发挥最大的效益，为所有者带来最大的利润。所有者不一定懂经营，而资产只有运动起来才可能增值，那么谁能来完成这个滚动资产增值的任务呢，那就是经营者——也就是所有者（股东）聘用的经理（总裁），或者说我们常常听说的CEO，这些经营人员有丰富的经济知识和营销能力，但却不掌握资产，公司企业的所有权和经营权分离的制度，为那些不懂经营却想为自己掌握的资产寻找增值机会的人以及懂经营却没有资产的人提供了一个合作的契机，从而解决了这个矛盾，实现资源、人力的最优化配置。

职业经理人在企业中发挥着越来越重要的作用，作用越大，所承担的风险也会越大，经济的市场化越高，对于职业经理人的挑战也就越大。在我国经济发展的过程中，职业经理人的道德问题也是屡次发生。2000年原创维集团总经理陆华强及其管理团队集体跳槽至高路华集团这一事件对创维集团的影响是非常深刻的，同时也引起了社会各界对我国职业经理层的职业道德问题的关注。他的事迹被称为中国职业经理人"绝版反面教材"：从创维率众将出走，与创维老板黄宏生几次闹上法庭并在全国大打新闻口水战；高路华老板黄仕灵不顾人们对其的种种道德非议，为了重振高路华毅然决定起用这个最知名的"问题职业经理人"，可惜，陆强华再一次掀起了"黄陆之争"，还让黄仕灵到上海的司法机关吃了几天苦头。至此，陆强华已经成了一个让所有老板都"害怕"的职业经理人。在激烈的市场竞争中，仍有部分经理人虽然有着优秀的职业技能，但是缺乏职业经理人所应具备的职业道德，甚至缺乏基本的道德素养和道德责任。

在人才政策方面，《国家中长期人才发展规划纲要（2010～2020年）》已经明确提出了企业经营管理人才发展的明确目标。根据人才规划纲要有关精神，我国2017年也出台了一系列涉及职业经理人的引进、培养、开发的政策，如企业经营管理人才素质提升工程、"千人计划"、专业技术人才知识更新工程等，各省市也针对人才引用出台了相关政策。但在明确经理权、规范职业道德法律法规方面须建立和改进，在规范行为方面，职业经理人认为规范职业道德最需要改进。其次是规定任职资格、建立信用制度、规范竞争机制。

4.3.1 职业经理人的选聘

职业经理人选聘信息渠道已趋多样化，选聘市场供求仍不平衡。

（1）市场供求不平衡。不同于一般产品市场或要素市场，职业经理人市场是特质人力资本交易市场，并不是简单的生产供应和购买需求，职业经理人供求是企业和职业经理人主体间的契约交易，交易双方的特殊性、信息不完全性、信任问题都易造成供求不平衡。调查显示，职业经理人存在供求不均衡的问题。究其原因，市场供求双方不信任、职业经理人不足以供应需求、优秀职业经理人流动性太强、市场需求被抑制等因素容易导致供需矛盾，如果在信息不完全的环境下企业更加难以识别。另外，职业经理人在企业间跳槽成本低，或在自己创业与继续做经理人之间转移等流动性问题，也加剧了供求减少及企业主的不信任。同时，由于体制问题造成的国有企业市场化选聘步伐相对滞后及民营企业对职业经理人选聘市场化长期低信任度等也会造成需求抑制，加剧供需矛盾。

（2）企业选聘职业经理人信息渠道已趋多样化。职业经理人市场交易达成前，企业和职业经理人都需要搜寻交易双方信息，市场信息系统越发达，信息渠道越丰富，越有利于职业经理人市场的发展。现代信息的发展使得职业经理人选聘渠道更加多样化，普遍采用较多的选聘方式为内部培养提拔、上级指派、人才市场招聘、业主兼任。

选聘信息渠道在不同企业性质中呈现不同特点，国有企业内部培养提拔和上级任命所占比例均最高且大比率超出其他渠道方式；外资企业中猎头推荐和人才市场招聘渠道方式比率均较高；民营企业中内部培养提拔比例最高。

（3）职业经理人获取需求信息相对困难。职业经理人市场的信息完全是双向的，不仅包括企业在职业经理人搜索寻求过程中对职业经理人信息尽可能多的了解，也包括职业经理人在与企业签约选择前对企业信息的了解。从企业选聘信息畅通情况调查结果看，半数认为企业各种选聘信息渠道基本畅通，极少数存在信息不畅通。但对于职业经理人来讲，职业经理人认为当前市场环境中存在的最突出的问题是职业经理人信息系统和信息管理手段落后，其次为市场秩序混乱和市场法规及制度不完善。

在应聘过程中职业经理人会遇到市场信息方面的诸多问题，过半数职业经理人认为在获取市场需求信息方面存在困难，半数职业经理人认为人才市场运作体系不规。对于求职不同性质的企业，求职国企的职业经理人遇到的最大问题为市场需求信息问题；求职民企的职业经理人除在市场需求信息获取方面较为困难之外，还可能由于民营企业缺乏信息公开披露等原因加剧职业经理人方面获取信息的不对称;求职外企的职业经理人还多遇到市场运作不规范、人才机构收费较高等问题。

(4) 职业经理人呼吁完善市场服务监督体系。在市场化选聘服务体系中,调查对象认为较为重要的是企业和经理人诚信、市场工资指导、职业介绍服务,其次为市场信息、人才库信息;在监督体系中,认为较为重要的是经营业绩考核、资质认证评价、任期经济责任审计。完善这些方面的服务和监督,也将有利于加快职业经理人市场化选聘步伐。

4.3.2 社会化资质评价

我国职业经理人的价值评判系统还不是很完善。实际上,企业在对职业经理人的业绩进行评判时并没有一套完整科学的评判衡量标准,这不利于职业经理人供给方与企业需求方的进一步合作。企业在评判职业经理人的工作业绩时主要是看他为企业每年带来的总产值是多少,而对于他为企业软实力上带来的改变却容易忽视。例如,职业经理人在企业的文化建设和规章制度的制定与完善,以及为公司未来的发展愿景付出的努力并没有完全列入职业经理人的业绩考核范围。这种不完善的价值评判系统对职业经理人的业绩评判是不公平的。企业过于看重短期业绩而忽视了长期发展规划,也会误导职业经理人的管理方向。

20世纪80年代末期,有关机构就考虑建立中国企业经理人职业化的体系,但十多年过去了,职业化进程的发展并不快,其根本原因是:职业经理人缺少施展才华的舞台。我们都知道,完善的市场经济是现代企业制度的大环境,而要建立企业经理人职业化的机制,必须依靠现代企业制度的建立。市场经济体制不成熟,体现在微观基础上是我国现代企业制度的不完善,而现代企业制度是企业经理职业化机制生存的小环境。与经理人制度配套的法律体系也不完善,还没有相应的法律、法规来对职业经理人的行为规范加以约束。西方国家,商法中关于经理人和经理权的规定是公司法和相关企业法中关于经理制度的基础,有效的经理人市场需要一系列完善的法律法规。同时,在我国促进经理人流动的猎头公司运作也是缺乏,其主要功能是增强市场参与主体之间的信息对称性,减少经理人的道德风险和逆向选择,是市场化、专业化、程序化的运作方式,是经理人市场未来的"主力军"。

(1) 企业和职业经理人对资质认证评价认知改善。

企业和职业经理人对待职业经理人资质评价的认识,经历了从无所谓到必要、观念从政府认可到市场投资人认可、资质认证评价机构选择从偏好政府背景到良好行业信誉的认知改变。职业经理人资质认证评价对于政府认可的关注点有了比较大的增长,这种关注点的转移对于建立社会化的职业经理人资质评价制度是良好的推动因素。

(2) 认证评价体系及机构支撑不足。

科学的职业经理人资格认证评价体系有助于改善职业经理人市场混乱现状,也是建立职业经理人制度的重要内容。职业经理人资质认证评价不仅需要对职业经理人的专业知识、职业能力进行测评考核,还需要对其品德、信用、经营业绩等进行综合方面的系统认证与评价,对于界定职业经理人职业化身份、提升专业化素养、推动职业经理人流动具有重要意义,这需要职业经理人自身、企业和相关行业协会等的认同、支持、配合及监督。

4.3.3 职业经理人的自身素质

因为中国出现职业经理人的时间比较晚,职业经理人自身素质也远远跟不上现代企业经营管理的需求,与国际职业经理人相比,我国职业经理人的综合素质亟待提高。现代管理理论认为,职业经理人是具有一定工作经历、受过系统专业训练并以企业经营管理为职业的专门人才,作为一个现代企业的经营管理者需要掌握的知识需要、培养的素质是多方面的,例如有:①职业道德、使命感和责任感;②行业专业技能;③管理技能;④现代人力资源管理的基本知识;⑤战略规划设计和组织实施能力;⑥洞察市场、捕捉商机的能力和出色的决策力;⑦具有营造和谐气氛,创造蓬勃向上企业文化的能力。"未来,市场中稀缺资源不再是资本,而是优秀的人才。"这是美国企业管理大师史考特·派瑞博士在北京演讲时的开场白。

职业经理人是企业的顶层雇员,是主持或者协助主持企业生产经营管理工作,承担法人财产的保值增值责任的企业法人层面的核心高级管理人员,职业经理人被赋予了新的时代含义,是具有全球战略眼光、市场开拓精神、管理创新能力和社会责任感的德才兼备的人才,这样的经理人进入公司法人治理结构,会大大提升结构的运行效率和水平,有利于提高建立现代企业制度的水平，推行职业经理人制度，建立与市场体制相配套的职业经理人行业标准和选拔退出机制，完善求职市场，有利于促进企业经营管理人才在全社会的合理、有序流动，满足当前各种所有制经济的企业对人才的需求。

诚然，职业经理人的出现给我国企业发展带来了不可估量的作用，但是在这一进程中也产生了许多职业经理人的腐败现象。

（1）经理人职权过大。实际实践中，往往股东不会通过具体活动直接参与到公司的日常经营中，这就使其会寄希望于经理人，从而使职业经理人获得过大的职权。这就更使职业经理人以自身利益为出发点，使公司的运营偏离主线。

（2）职业经理人价值观念与企业背离。企业所得希望职业经理人对公司有很好的掌控并为之带来短期乃至长期的经济利益，而经理人则以自身货币收益为主要动力，这就导致了职业经理人并不是全力地投入企业发展中。例如，2005年，李开复跳槽事件而引发的"经理人忠于谁的召唤"的争论引起公众哗然。

（3）职业经理人职业道德意识模糊。其表现为：肆意挪用、侵占公司资金和贪污企业资产；收取回扣，出卖公司经济技术情报；盲目冒险投机经营、行为短期化，为了个人收入最大化，忽视甚至损害企业的长远发展。

4.3.4 职业经理人与股东的信任危机

企业内部人的融合很大水平上是取决于相互的信赖，企业实际控制者与职业经理人之间的信任关系直接影响委托—代理关系的存续和发展。任何一方的不信任都会阻碍职业经理人与企业实际控制者之间的更进一步合作，基于信息不对称原理，这种不信任是普遍存在的。在这种情况下，企业实际控制人就会加强约束机制建设，忽视激励机制效用。职业经理人就会钻管理漏洞，制造短期业绩，妨碍企业长期发展。

信任危机的出现是因多方原因共同造成的，而不是任何一方的单独问题。信任危机的出现往往是因为经理人不守信和双方的不信任，而究其更深层次原因，是因为：

（1）思想理念不同。由于大股东和职业经理人所处的地位不同，两者的价值观和经营理念也会有很大的不同，因此，在公司的经营问题上就会出现分歧，难以达成统一，往往会导致信任危机。

（2）利益目标不同。公司股东的利益目标是实现公司利润的最大化，公司所有者永远把自己放在公司利益里面，只要公司盈利，自己便能获利。而职业经理人则不同，职业经理人在处理公司利益与自己利益的平衡上，往往是忽略公司利益而侧重实现自身利益的最大化，为了能够让自己的能力得以完全体现职业经理人会考虑如何运作公司才能使自己获得更多的潜在利益，导致信任危机出现的另一个原因就是双方均从自身利益考虑。

（3）由于职业经理人自身能力的欠缺和道德的缺失，会出现职业经理人的"不守信"。如果职业经理人能力欠缺，股东就不会放心地把公司的过多权利交给他，更不会对其产生信任；职业经理人道德的缺失是导致信任危机形成的最根本原因，由于职业经理人的道德缺失，股东完全不敢信任职业经理人，不但不会放心地把权利放给他，甚至根本就不会放权给他。

（4）股东自身道德素质问题。不仅职业经理人存在道德缺失，股东自身也会存在生性多疑或具有极强的控制欲等道德上的问题。信任危机的出现，不仅有职业经理人不守信的原因，也包含股东对职业经理人的不信任。公司所有者担心职业经理人滥用职权为自己谋利益而不对其过度放权，而职业经理人会觉得自己不被信任，得不到重用，不能充分掌握应得的权利，因此便会出现二心，不会尽心尽力地为企业服务，导致经营效率降低。信任危机的出现，不但会影响股东与职业经理人之间的合作关系，更重要的是会影响到公司的利益，解决股东与职业经理人之间的信任危机问题，是当前很重要的任务，也是企业能够长久得以良好运行的保障。

4.3.5 职业经理人的契约化管理

中国企业改制后，虽然在形式上建立起从股东大会、董事会、监事会到经理层的法人治理结构，但并没有发挥应有的作用，有的董事会、监事会形同虚设，根本起不到监督、约束作用，在这样的企业环境中职业经理人的激励和约束问题就很难得到有力的解决和控制，造成企业激励机制不健全。又由于在企业经营的过程中存在着严重的信息不对称现象，因此，给了职业经理人的可能性，只为追求适合自己的短期行为，也许这种短期行为是建立在损害企业长期利益基础之上的。一方面是企业做大做强后对职业经理人的经营与管理能力的渴望；另一方面又是企业出资人不敢放权于经理人，有时候使职业经理人的存在成为"夹心饼干"，进退两难。

公司治理结构不断健全，职业经理人契约化管理取得进一步发展。

（1）公司治理结构基本健全。在公司治理中，股东与职业经理人之间的关系是委托—代理关系，职业经理人接受企业的委托，享有对企业一定的经营管理权，代表委托人管理公司的日常经营活动。而在公司实践中，往往由于股东与职业经理人获取的信息不对称，股东在不能直接操控公司时，又不了解公司的运行状况，而赋予职业经理人过大的职权。由于股东与职业经理人的经营理念和利益目标不可能完全相同，导致职业经理人可能会为了实现自身利益而不顾公司和股东的利益，合法地滥用权力，例如，有些公司职业经理人拥有的权利过大，不但可以管公司的日常运营，还可以决定股东的股权比例，否决大股东的意见，决定管理层的股票期权激励等。这些权利本不属于经理人，而由于股东不能及时掌握职业经理人的所有行动，致使经理人可以借口是有股东的授权来损害公司权利。股东现在却成了局外人，职业经理人实质上变成了公司的主人，职业经理人的角色发生严重错位。职业经理人制度的建立需要在良好的公司治理结构基础之上。总体上，中国企业多年来建设和改进现代企业制度的努力使近几年公司治理结构情况已经有很大改善。

（2）工作授权情况良好。要使职业经理人在企业中充分发挥作用，需要协调其在企业中的权责利分配，对职业经理人适当放权。职业经理人工作职权运用情况与公司治理结构是否有序有一定关系，在公司治理结构健全并运行有序的企业工作，更有利于职业经理人运用工作职权。从企业主角度讲，不肯充分放权的一部分原因也有出于职业经理人诚信问题的疑虑，约三分之一的调查对象认为当前职业经理人严重缺失的诚信行为是对企业的不忠诚及滥用职权牟取私利。因此，对职业经理人的放权及职业经理人用权涉及企业和职业经理人双方的机制及诚信。

（3）企业核心价值观促进岗位忠诚。在企业中，职业经理人长期为所在企业工作，是对企业忠诚的一种体现，也是职业经理人对于所在企业责任的一种体现。职业经理人的频繁跳槽不仅造成人才培养的浪费，也容易造成所在职位岗位空缺，给企业带来损失。职业经理人目前对于企业性质的选择原因中，排在第一位的仍为更适合的发展空间，随着外企职业经理人"天花板"问题及压力加大、国企福利及激励减弱，民营企业职业经理人发展空间方面也逐步完善，职业经理人更加看重发展空间而弱化企业性质，这不仅有利于职业经理人自身职业生涯发展，也有利于各种性质企业共同发展，促进其完善引进激励机制，更好地吸引和留住职业经理人。

（4）个人与企业责任目标一致。企业对职业经理人责任约束机制同样存在缺陷，由于产权体制的缺陷，并没有一个真正握有企业剩余索取权的出资人出面对职业经理人实施有效的责任约束，仅有的一些约束只是停留在一些简单的公司章程和合同约束。由于目前我国尚未建立真正权威的审计、评估体系，同时由于激励措施的欠缺，出资人也未必有底气使责任约束到位。因此这些章程与合同往往只表现为一些空洞的且伸缩性很大的软约束。难以做到真正可量化的可考核的刚性责任约束，因此职业经理人较易规避。职业经理人认同企业价值提升的工作价值观，这种个人与组织目标一致的价值判断，在科学合理的激励约束下，将有利于企业和职业经理人的共同发展。

（5）薪酬与行业平均水平基本持平。市场化中包含的另一项重要内容是价格，职业经理人市场制度中的价格指交易达成后职业经理人所获得的薪酬，它反映的是市场上职业经理人本身的价值，而且既包括短期薪资激励和长期股权期权激励，也可能包括物质薪酬和精神薪酬。市场价格最易体现的是薪资，职业经理人所在岗位的行业平均年收入目前近半数集中在 20 万～50 万元，极少数在 50 万元以上。对于所在岗位与行业水平的薪酬关系，大部分从业人员认为所在岗位的实际收入与行业平均水平基本持平。

4.3.6 职业经理人的激励机制

一般情况下，职业经理人的薪酬由工资、绩效和奖金组成，同时也会运用精神激励机制，如企业每年举办年会、评选出优秀人物、授予荣誉称号、对职业经理人家属表示关心慰问等，以此希望保留和提升职业经理人对企业忠诚度。职业经理人属于高级人才，用激励双因素理论分析，他们并不仅仅满足基本的激励制度，仅仅用"亲情"是很难长期"捆绑"一个人的。职业经理人希望谋取更广阔的空间去实现自己人生的价值。所以建立健全科学有效的激励机制，充分发挥职业经理人的积极作用是企业有待解决的重大问题。

近几十年来，国外发达国家在职业经理人的薪酬结构上进行了变化，不但包括传统的基本薪酬和奖金，还引入了股票期权激励机制，加大了股权激励等长期激励的比重。随着企业之间的竞争日益激烈，对企业的管理也变得越来越复杂，职业经理人的经营决策能力越来越能影响企业的发展，企业所有者对职业经理人的监督难度也在加大，为此，企业所有者为了使职业经理人能够全心全意地为企业着想，以企业利益为重，往往通过给职业经理人一部分股权或期权的方式来让激励职业经理人，这样职业经理人的利益就与企业的利益绑在了一起，不会出现职业经理人为实现自身利益而损害企业利益的情况。

我国当前的职业经理人薪酬制度的不完善，阻碍了职业经理人能力的发挥。职业经理人的收入水平取决于其承受的风险、付出的劳动、取得的成果，但总体来说职业经理人的年薪也偏低，从而导致职业经理人工作动力不足，效率不高，忠诚度也偏低。由于职业经理人与股东的利益不平衡，导致一些职业经理人在经营过程中采取一些极端手段不惜以牺牲企业利益为代价试图补偿对自己的"不公平待遇"，以实现自己的价值。因此更应加强职业经理人的薪酬激励制度。

（1）大部分企业严格执行业绩评价。

企业对于职业经理人的责任完成效果主要是对其经营业绩的评价，一部分企业仍然没有建立业绩评价制度，或者业绩评价只是"走过场"。

（2）薪酬结构以固定薪金为主。

职业经理人薪酬结构中比例最高为固定月薪，其次为绩效奖金，股权和期权比例最低，我国职业经理人薪酬激励仍以短期激励为主、中长期激励为辅。从不同经理职位看，从基层到高层，固定薪金、绩效奖金等比例随职位提升越来越低，股权期权比例越来越高；从不同企业性质看，外资企业比国企、民企各项薪酬方式比例均较高，其中享有绩效奖金和股权期权的职业经理人比例远大于国企和民企，上市公司职业经理人享有各项薪酬方式的比例也高于非上市公司。从已有调查年份看，薪酬结构中固定月薪比例不断上升，绩效奖金总体上也是呈上升趋势，股权期权激励比例则一直处于较低比例。另外，职业经理人认为企业层面在建立职业经理人制度方面，最需要改进之处为股权激励，其次为授权信任，也体现了职业经理人对于企业股权激励的呼吁。

4.3.7 职业经理人培训

近年来企业对职业经理人的培训培养方式多样化趋势明显，更加注重知识更新和实效。

（1）职业经理人培训方式多样。

为应对当今时代激烈竞争及技术飞速发展，职业经理人需要不断学习，企业需要为职业经理人提供学习培训机会，满足其发展需求。随着外部环境的复杂多变性，中国企业对职业经理人培训比较重视，培训方式多种多样。

（2）注重能力素质提升和知识更新。

信息时代知识及技术更新换代速率很高，作为企业管理者的职业经理人更应注重能力素质提升和知识更新，职业经理人自身认为当前培训内容应着重在以下几方面：职业经理人能力素质提升、企业管理知识更新、国际环境和国内经济政策、市场动态、国际商务等。

（3）倾向协会、高校培训。

相对于职业经理人的培训需求，职业经理人培训市场也日益发展，培训机构日益增多，培训内容多种多样，对于培训机构的选择，大多数的职业经理人选择行业协会进行管理培训，且比例呈上升的趋势，其次为知名高等院校，选择民营培训机构的较少。

4.3.8 职业经理人的退出机制

人才的退出机制是企业人力资本策略的重要构成部分。目前我国很多企业都没有创建健全完善的人才退出机制，这极大程度地影响了人才发挥其积极性。尽管职业经理人与企业签订了劳动合同，但合同对于职业经理人的约束力不够，如果职业经理人强烈选择离职的话，公司就会面临重大损失，例如，出现如何另寻良将、公司运营如何继续等重大问题。所以退出机制的缺失对于企业来说隐藏着巨大的、不可预估的风险。

目前职业经理人的职业准入和退出机制还不够完善，且职业经理人跳槽限制较少。我国目前没有针对职业经理人的专门法律法规，企业与职业经理人的关系依然是用人单位与劳动者的关系，使用《劳动法》调整；在监督与制约方面，《公司法》有相应的任职资格限制、监督等条款；另外，《证券法》《反不正当竞争法》等也有相应规定。对于现有法律法规在规范职业经理人行为和保证职业经理人权益方面,均有接近半数的职业经理人表示认同。

从我国目前的职业经理人市场看,由于职业经理人市场没有真正形成,缺乏完整有效的制度规范,使企业在经营中经常面对决策走样或执行不到位的困境。在职业经理人信用制度方面我仍然存在市场约束不足、制度约束不充分、法律约束不健全、激励机制不足等问题。

(1) 市场约束不足。中国职业经理人的行为大部分为一次博弈,市场上没有对其个人行为的信用记录,信用上的污点对他们的影响不大,以致使违约的收益大于违约成本,增大了违约的可能性。而在美国,经理人有一套完整的信用评价体系和管理制度,一旦违规将很难再受到聘用。由于目前我国市场发育不健全,市场信息渠道不完全,信息传播速度慢,职业经理人建立和维持信誉的动力普遍不足。

(2) 法律约束不健全。不断完善相关的法律法规体系,是经理职业化的保障。市场经济从某种意义上来讲是一种法制经济。美国能成为经理的发源地和经理职业化最完善的国家,与其对职业经理在行为规范和激励与约束方面完善的法律体系是密不可分的。法律在约束职业经理人的同时,也同样要保护他们的合法权利。让职业经理人在一个规范的市场环境下,公平、公正地体现自己的价值。在现代社会中,企业所有者诚信不足也是导致职业经理人信用恶化的一个原因,企业所有者在帐务上的欺诈以及在日常经营中鼓励和纵容经营人对社会和顾客的不诚实行为,导致了经理人对所有者失去了信任,这不仅使企业的长期激励遭到拒绝,最终导致了经理人对所有者的欺诈和背叛。经理人的诚信恶化也降低了背叛的心理成本。中国1994年7月1日正式实施《公司法》,为中国经理职业化提供了最主要的法律依据,不过目前在职业经理的激励与约束和行为规范方面配套的法律法规还不够健全,这方面有法不依的情况也比较严重。健全和完善相关的法律法规是使中国经理职业化走上健康发展轨道的最有力保障。

(3) 激励制度不足。激励与约束是并存的,要使职业经理人遵守一定的游戏规则,就要给他们足够的动力,使遵守的收益是正的。首先从物质激励上说,以美国为例,职业经理层的平均收入已经达到了其他雇员的平均水平的140倍。而中国实行年薪制的企业,按经济发达的上海市劳动局的统计,企业经理的报酬只是职工平均的1~3倍。当然,中国的国情是不可能与美国相提并论的，但是从激励机制方面来讲，要促进中国经理职业化，起码也应该使职业经理的平均收入达到职工平均收入的 10 倍以上。

4.4　中国职业经理人信用评价现状

职业经理人的出现是中国企业发展的必然，在改革开放初期发展迅速，但在 20 世纪 90 年代中后期遇到了发展的"瓶颈"：职业经理人市场评价体系还在探索，职业经理人规则还没有建立。造成发展"瓶颈"的原因有很多，其中最根本的是中国的绝大多数企业还没有做到所有权、法人财产权和经营权的分离，而这正是产生职业经理人的前提。目前，我国职业经理人的发展面临着以下问题：

（1）舞台缺失，崔朋认为职业化进程发展不快的根本原因是，职业经理人缺少施展才华的舞台。目前，国企和民企的管理体制仍不完整，许多股份制公司并没有按照职业经理人的规则运行。

（2）社会化资质评价逐步得到认可，资质评价、诚信评价等社会化支撑依然欠缺，根据中国企业联合会课题组 2014 年的调查报告，职业经理人资质认证评价对于市场、出资人或相关组织认可则从 2007 年的 45.0% 上升至 80.6%，社会化资质评价得到重视，但如今仍存在严重的诚信评估不准、监督不足问题，60% 的调查者认为需要完善信用体制，建立征信系统和信用平台。

（3）职业经理人资格认证机制不健全，中国企业联合会课题组 2014 年的调查报告显示我国目前有关职业经理人评价的机构公信度较低，社会上的职业经理人评价机构大多是以盈利为目的（24.6%），同时也存在缺少适合中国职业经理人的测评模型（25.6%）。

（4）职业经理人信用体系仍有空白。作为个人信用，职业经理人是以普通劳动者的身份拥有个人信用账户，但是对于其职业信用管理并没有成熟的管理体系。职业经理人作为社会经济发展的重要力量，建立完整的信用体系尤为重要。

（5）信用管理不统一。对职业经理人来讲，能够取得证明其职业能力和基本素质的职业资格认证，是获得社会承认和企业认同的条件之一。但是目前国内职业经理人的认证管理并不统一,这带来了很多问题首先使得国内职业经理人的培训管理不能统一。其次。也使得国内的各种认证证书的含金量大打折扣,不能引起企业委托人及相关利益者的重视。因此建立一个全国统一的管理体系势在必行。

(6)关于职业经理人的相关立法不健全。我国关于信用管理的立法制度建设仍然滞后,关于职业经理人的相关法律也不够健全。因此我们应该加大立法工作,尤其对于信用违背的惩罚措施也要以法制化的形式深入人心,使职业经理人违约失信的成本增大,自然会对其信用约束有一定的控制力。

4.4.1 个人信用

随着消费信用经济的发展、拉动内需等政策的出台以及银行职能的转变,我国个人征信行业逐渐发展起来,征信体系也开始逐渐建立起来。2002年3月,经国务院批准,中国人民银行牵头,国务院信息办、原国家经贸委16个部委及国有商业银行人员成立了企业和个人征信专题工作小组,主要负责起草征信法规、编制征信行业技术标准和提出建设征信体系总体方案。2002年9月,建设部宣布全面开通房地产信用档案系统,此后工商总局建立了工商登记数据库和工商年检数据库,税务局建立了纳税人信誉等级信息系统,最高人民法院建立了判决文书基础数据库,财政部、公安部、海关总署、劳动和社会保障部等部门也建立起相应的部门基础数据库。

目前,我国央行和许多地方政府在征信数据库的建设、相关征信法律法规完善、当地征信机构的培育等方面都做了积极的尝试。但各地的发展情况有所不一样,目前地方个人征信体系建立相对成功的有上海、深圳等地。1999年8月,上海率先开展了征信体系建设试点工作。2000年7月1日,个人信用联合征信服务系统建成开通,面向社会提供个人信用报告。经过几年的探索,上海资信有限公司的整个系统运行良好,已由银行、移动通讯、担保业、自来水、公安、法院、燃气、电力系统加入,同时与上海银行、中国民生银行上海分行、中国经济技术投资担保有限公司等8家单位建立了业务合作关系。信息收集的范围远远超出了信贷的范围,涵盖工商、税务、海关以及水、电、煤等日常缴费记录的收集,全面监控个人信用信息。深圳市个人信用体系建设以中国人民银行深圳支行为主要推动单位,联合深圳市工商、税务、公安、社保以及法院等政府部门，以联席会议的方式组织推进。2001年3月开始筹建个人信用体系服务系统，2002年8月试运行，为联网单位提供个人信用报告查询服务。2003年10月个人信用体系服务系统正式向社会公众开放查询。目前，深圳市个人信用体系服务系统覆盖深圳568万人口的基本信息，国内商业银行53万个个人账户和贷款信息，日查询量高达两万多份。

按照党中央国务院的要求，在总结试点经验的基础上，2004年中国人民银行加快了个人征信系统的建设，在银行信贷登记咨询系统上增加"个人信用信息系统"——个人信息基础数据库。个人信用基础数据库建立于2004年年初，主要由征信管理局运作和管理，2004年12月实现与15家国有和股份制商业银行、8家城市商业银行在全国7个城市的联网试运行。2006年1月个人信息数据库数据正式运行，实现了127家商业银行全国联网，同时，与农村信用社的联网也在进行。目前已有12家省级农村信用联社、55家地市级农村信用联社和56家城市信用社联网接入系统。全国金融机构个人消费贷款90%的信用记录已经入库。此外。海南、浙江、北京、济南、天津、广州、汕头、温州、厦门、大连、成都等地也陆续建立或计划本地区的联合征信体系。在行业方面，部分银行、税务、工商等也陆续建立本行业的信息系统。

我国的职业经理人信用管理起步较晚，目前最为前沿的职业经理人管理项目是职业经理人资格认证，它由中企联牵头，资格认证工作的领导机构是中国企联职业经理人资格认证指导委员会，内设认证管理办公室和认证专家委员会，下设地方及行业的工作机构。参照此模式的运作经验，由中央政府牵头，职业经理人协会、行业协会协助成立中国职业经理人信用体系指导委员会，该委员会负责信息的集中、维护和管理，具体的征信工作由各地的职业经理人协会和行业协会负责进行。职业经理人信用体系的建立不仅是一种约束机制，更是一种激励机制。信息的收集按照一定的层次推进，先对拥有显著绩效、良好声誉的职业经理人建立信用档案，以此带动全国范围内征信工作的开展。根据确定的信用档案因素，职业经理人信息主要来源于以下部门所任职的企业、个人信用主要针对消费领域部门、职业经理人协会。因此，收集信息主要围绕这三者进行。

在征信过程中，如何取得以上部门的支持是很关键的。欧洲模式给我们的启示是以互利原则为基础，寻求征信机构与主要客户实现信息共享的有效方式。即形成征信机构和银行、保险公司、租赁公司、电信公司等主要信息提供者合作的氛围非常重要，也可以以互利原则为基础，在法律允许的范围内，共同确定信息共享的方式、范围。因此，职业经理人信用信息的来源部门可以在一定程度上共享体系中的信息，在信用信息采集的过程中，职业经理人协会和行业协会要对信息进行确认跟踪，同各企业、信用管理部门、职业经理人协会建立动态链接，将职业经理人的相关信息收录在内，同时对方也可以享受到信息，在法律条文中规定双方的权限范围，实现共赢。

4.4.2 职业信用

目前我国针对员工的职业信用管理已经有比较成熟的项目，但对于职业经理人的职业信用管理并没有成熟的体系，更多的是以职业经理人资格认证的方式开展的，目前国内比较权威的职业经理资格认证有很多种，这样的职业信用管理状况带来了很多问题。

（1）职业经理人资格认证。

目前我国职业经理人管理的最高形式是职业经理人资格认证（National Professional Manager Certificate，NPMC）。2004年8月，中国企业家联合会、中国企业家协会联合启动了《中国职业经理人标准》及培训、评价体系，将职业经理人划分为高级职业经理人、中级职业经理人以及初级职业经理人三个层次，规定了职业经理人的素养和能力方面的基本条件，该认证的技术标准一方面借鉴了美国、英国、日本等国家中介组织关于管理者职业资格标准，另一方面借鉴国家人事部、国家劳动部有关职业技术标准规范而来。该评价体系认为符合我国国情的职业经理人评价因素体系应该有职业道德、知识、职业能力和经营业绩四项组成，并且针对不同层次的管理人员有不同的比例要求。

中国企业联合会、中国企业家协会是我国成立最早、规模最大的具有一定国际影响的全国性社会团体，2003年6月中国企联正式加入了国际雇主组织，成为中国在国际雇主组织的唯一代表，是国际劳工组织承认、中国政府授权的雇主组织唯一代表，而且已形成遍及全国各地区、各行业的网络。在当前社会化认证工作刚刚起步、机构鱼龙混杂的形势下，由企联系统牵头开展职业经理人资格认证,是企联履行社会责任,也是企联对企业和企业经营管理人员应提供的服务内容,而且有利于协助政府规范认证市场。

目前已经在全国31个省、市、自治区开展职业经理人资格认证,行业认证包括化工行业、电力行业、电子行业、石油行业、交通行业、机械行业、汽修设备行业、建材行业、国防行业、轻工行业、钢铁行业、通信行业、商业、铁道行业、粮食行业共15个行业,全国总计认证管理机构52个,认证机构49个,认证培训机构58个,山东省的认证管理机构和认证机构是山东省企业联合会,认证培训机构是山东大学华特国际教育培训中心。

开展以职业经理人为代表的职业经理人员的职业资格认证,是加速推进我国企业经营管理人员职业化进程的需要,是全面提高我国职业经理人员综合素质的需要,是实施人才强国、人才强企战略的需要。这些参照国际惯例建立的符合中国企业发展需要的职业经理人资格评价或认证体系,推动和促进了我国职业经理人职业水平的提升和职业价值的提高,更重要的是使探索职业经理人市场化的规范管理有章可循。

(2)职业经理人职业资格证书。

目前由中国企业联合会、中国企业协会在全国开展的职业经理人任职资格认证制度(CPMQ),一般各市认证工作实行"两证"制,在采用中企联职业经理人资格认证标准作为主要评审依据的基础上,认证管理机构在业绩评价和能力评价方面进行本地化完善和实用性内容补充。通过认证的人员,将被同时授予相应等级的企业经营管理者任职资格证书和职业经理人资格证书。

(3)个别省份的职业信用管理。

为了对职业经理人市场进行规范,建立良好的职业经理人人力资源配置机制,安徽省对职业经理人信用等级进行评定管理。据南方网报道,安徽省从2002年开始,陆续对全省的职业经理人信用等级进行评定。将职业经理人的信用等级分为A、AA、AAA、AAAA、AAAAA五个等级,信用等级的内容包括入职信用、劳动合同信用、职务信用、业绩信用、团队信用、财务信用、离职信用等,并有一系列的评定程序。等级评定后,供信用推荐、信用查询、信用晋级、信用奖励之用。海南省职业经理人协会在其工作计划中也把建立会员档案、建立和培植职业经理人的社团约束机制、建立职业经理人信用等级评定制度实行制等列入日程。

4.5 我国职业经理人信用评价的问题及原因分析

总的来说，我国职业经理人在信用方面的发展主要存在以下几个方面的问题：第一，职业经理人公平性的缺位。公平，又称公正或正义。著名经济学家厉以宁从宏观经济学的角度，把公平的含义界定为"按照不同的解释，公平或者是指收入分配的公平，或者是指财产分配的公平，或者是指获取收入与积累财富机会的公平，它们全都涉及价值判断问题，""而问题归结到机会的公平或机会的均等。"员工的切身利益是员工关注的焦点，员工的劳动积极性来自自身利益最大限度的获得和全体员工利益公平合理的兑现。职业经理人由于受封建残余文化的影响，在招聘、提升和报酬上采取性别歧视、排斥异己、任人唯亲等手段。在很多重要的岗位上都安排了与自己密切相关的人，而把所谓的外人排斥在企业之外，导致了有才能的人往往被排斥，而无才的人反而受到重用，致使企业人员素质整体较低，企业的管理效率不高。通过不断招聘人才、解雇人才来降低人力资源成本，在试用期间给予很低的工资，试用期结束时便找理由将其辞掉。为追求利润，不顾员工的生存和工作环境，侵犯职工的健康权利。对员工的工作评价不公正、不诚实、不及时，克扣薪水，专横地或不公正地对待员工的投诉等。

第二，职业经理人角色意识错位。职业经理人主要以人力资本为要素，参与企业的经营管理决策，资本所有者对经营管理的代理需求是职业经理人存在的前提。以经营管理企业为其特定活动内容，以市场为中心，追求企业利润最大化，为企业"出资人"的资产保值负责，为社会创造就业机会，为社会增加财富。然而，职业经理人难以摆正自己在企业中的尴尬地位。作为一般员工与老板之间的联结纽带，职业经理人扮演的角色就很重要，如果对老板服从，往往不能满足广大员工的利益，有时甚至会丧失自己的准则；如果对员工诚信，带领员工罢工或对抗老板，又会被老板认为是"叛徒"。职业经理人在这"两难"的夹缝中生存，使其很难摆正自己的职业道德。"宝万之争"是职业经理人角色意识错的典型，当前规模较大的企业所有权、经营权、控制权相互分离，可有效提升企业经营运行效率，还有利于节省企业经营成本，进一步优化公司治理结构，但也会增加职业经理人、股东之间的冲突，股东为掌握控制权，通常会"架空"职业经理人权利，不重视对其的激励，降低了职业经理人工作积极性与效率；职业经理人通过公司运营数据的"调控"影响股东及公众对公司价值和未来前景的判断，其行为已经损害到包括"宝能系"在内的全体股东。北京首创集团公司总经理刘晓光曾说："对于怎样做好职业经理人，我认为要摆正自己的位置。现在有一种现象，职业经理人老想当老板，老板又当职业经理人，都混淆起来了，这样会造成很多麻烦。职业经理人就是职业经理人，你不是老板，你也不是出资人，因此不要去做老板的事情。一定要把这个心态摆正，做一个真正的、规范的、有规则的职业经理人。从经理人的专业技能、技术、职业道德来讲，应该有一套规范的东西。"职业经理人要有正确的角色意识，在对待问题上，对的坚持，错的改正，切忌高高在上，我行我素。作为职业经理人，要明确自身是企业经营管理活动的主导者，但同时也只是一名参与者。经理人职业生涯的成功，取决于自身的道德水平、专业素养，更取决于自己所带领的管理团队以及自己在这个团队中所发挥的作用。

总的来说，我国出现了多件职业经理人信用问题，究其主要原因包括：①舞台缺失。崔朋（2011）认为职业化进程的发展不快的根本原因是：职业经理人缺少施展才华的舞台。目前，国企和民企的管理体制仍不完整，许多股份制公司并没有按照职业经理人的规则运行。②社会化资质评价逐步得到认可，资质评价、诚信评价等社会化支撑依然欠缺，根据中国企业联合会课题组 2014 年的调查报告，职业经理人资质认证评价对于市场、出资人或相关组织认可则从 2007 年的 45.0% 上升至 80.6%，社会化资质评价得到重视，但如今仍存在严重的诚信评估不准、监督不足问题，60% 的调查者认为需要完善信用体制，建立征信系统和信用平台；③职业经理人资格认证机制不健全，中国企业联合会课题组 2014 年的调查报告显示我国目前有关职业经理人评价的机构公信度较低，社会上的职业经理人评价机构大多是以盈利为目的，同时也存在缺少适合中国职业经理人的测评模型。

职业经理人产生的根本原因是为了解决企业规模扩大，社会生产力不断智能化而带来资本占有和经营才能不对称的矛盾，其结果导致了企业所有权和经营权的分离。企业和职业经理人对责、权、利的认识都不够深刻，导致了职业经理人的目标和所有者的目标存在很大差异，企业老板希望职业经理人能够在短期内带来丰厚的利润，并能保持自己对整个企业的控制，职业经理人则更关注自身的货币收益和非货币收益的最大化。这样产生了企业主和职业经理人的信任危机。其表现为：①采取肆意挪用、侵占公司资金和贪污企业资产。②收取回扣，出卖公司经济技术情报。③盲目冒险投机经营、行为短期化，为了个人收入最大化，忽视甚至损害企业的长远发展。此外，我国现阶段企业竞争行为不规范，企业诚信比较稀缺。企业整个管理水平低，存在漏洞比较多，监控机制软弱，企业所有者素质偏低等，更加重了我国职业经理人不讲信用情况。一些职业经理人的职业操守已经屡屡暴露出问题，给企业造成重大损害。"黄陈之争"是职业经理人、公司大股东矛盾激化的典型事件，事件主角"黄光裕""陈晓"是股东、职业经理人的关系，且两人私交甚好，其信任关系不仅建立在企业共同利益上，也以友谊感情为基础，缺乏良好的理性思维，当出现冲突后，股东大会对职业经理人失望，甚至会感到情感伤害，从而进一步激化矛盾。天津水泥工业设计研究院原副院长宋寿顺挑唆引诱三十多名技术骨干集体跳槽，导致我国新型干法水泥技术与装备技术机密和商业机密泄漏，造成国有知识产权严重流失。而根据国资委的调查，这一出走事件，乃精心策划，预谋已久。

4.6 本章评述

自职业经理人制度诞生以来，对于职业经理人信用的管理一直是一个理论上的热点，也是一个难点。但是目前我国的职业经理人信用管理中存在着诸多问题：

第一，职业经理人信用体系仍有空白。作为个人信用，职业经理人是以普通劳动者的身份拥有个人信用账户，但是对于其职业信用管理，并没有成熟的管理体系。职业经理人作为社会经济发展的重要力量，建立完整的信用体系显得尤为重要。

第二，信用管理不统一。对职业经理人来讲，能够取得证明其职业能力和基本素质的职业资格认证，是获得社会承认和企业认同的条件之一。但是目前国内职业经理人的认证管理并不统一，这带来了很多问题：首先，国内职业经理人的培训管理不能统一；其次，国内的各种认证证书的含金量不高，不能引起企业委托人及相关利益者的重视。因此建立一个全国统一的管理体系势在必行。

第三，关于职业经理人的相关立法不健全。我国关于信用管理的立法制度仍然滞后，关于职业经理人的相关法律也不够健全。因此我们应该加大立法工作，尤其对于信用违背的惩罚措施也要以法制化的形式深入人心，使职业经理人违约失信的成本增大，自然会对其信用约束有一定的控制力。

综上所述，中国职业经理人市场发展缓慢绝不是中国的职业经理人道德低下的问题，信用的建立是不能用道德来保证的，制度才是关键，只有严格的制度才能保证职业经理人市场的规范，我国目前迫切需要一套科学合理的职业经理人信用评价体系来对职业经理人进行规范的信用行为，实现对职业经理人的监督和约束，把企业所有者和职业经理人从信用缺失的"陷阱"中解救出来，扫除经理人职业化道路上的最大障碍，促进我国企业在现代产业制度下良好有序的发展。

第5章 国外发达国家职业经理人信用评价制度比较分析

5.1 国外发达国家职业经理人信用评价制度

5.1.1 美国职业经理人信用评价制度

1841年10月5日，美国马萨诸塞州的铁路上发生了一起两列客车迎头相撞的事故。社会公众反响强烈，认为铁路企业的业主没有能力管理好这种现代企业。在州议会的推动下，对企业管理制度进行了改革，选择有管理才能的人来担任企业的管理者，世界上第一个经理人就这样诞生了。后来受企业所有者委托，由经理对企业进行管理的公司制企业也宣告诞生。美国作为经理人的发源地，经过160年漫长的时间发展到今天，已经形成了十分成熟的职业经理人阶层，对美国经济的发展乃至世界经济的发展都起着至关重要的作用。美国职业经理人阶层的成长与发展大体经历了三个不同阶段。

第一阶段：1841年世界上第一个经理诞生到1925年美国管理协会的成立。这个阶段标志着美国的企业基本完成了业主式（或家长世袭式）经营企业到以聘用经理人来经营企业的转换，也可以看作职业经理的成长期，而美国的企业制度也基本形成了以近代公司制占主导地位的格局。

第二阶段：从1925年到20世纪60年代末。在第二阶段，随着美国哈佛大学企业管理研究院的成立，到20世纪60年代末美国80%以上的企业都聘请了职业经理人，标志着美国的职业经理人阶层的成熟，美国的企业制度也完成了近代公司制向现代企业制度的过渡。

第三阶段：从20世纪70年代开始至今。美国的现代企业制度不断走向完善，并且出现了许多所谓的"后现代企业制度"方面的制度创新，而职业经理阶层也不断走向完善，并成为在美国社会各阶层中发挥越来越重要作用的一个社会阶层。职业经理研究方面的理论也已经成熟并系统化，职业经理的培养和培训机制也非常健全。

美国职业经理人产生至今，已经形成一个比较成熟的职业群体，生存于一个比较完备的市场体系中。首先，市场组织比较完备，支持系统如人才咨询公司、独立的审计组织等也日益健全；职业经理人市场主要由民间企业举办，政府仅仅在宏观上进行指导；通过市场供求机制和竞争机制的作用，推动人才的合理流动，使人力资源得到合理配置，在公开、平等、自愿和相互选择的市场环境下竞争就业。其次，美国企业的出资人早已被外部化，他们主要通过资本市场和经理人市场来监督经理人，采取的是一种间接的监督。经理人内在的文化动力，即存在于经理人内心的信仰文化，它鼓励经理人去创造尽量多的财富，但并不支持其据为己有。另外，还有一个与之相适应的社会文化氛围，经理人一旦越出文化的底线，其美誉度则荡然无存，其日后的生计将受到严重影响。在西方现代企业制度中，这种将财富的创造和管理视为一种受托责任的文化与现代经理人的理念具有很高的契合度，文化伦理的作用正好弥补了出资人对经理人监督的空白点。

美国是一个市场经济极为发达的国家，在职业经理人的激励、约束、引导等方面已经形成良性互动的企业内外部环境体系，包括完善的法律制度、发达的人才市场机制、规范透明的企业运作和人力资源制度、完备的 MBA 教育与培训，以及行业协会的指导与管理、个人信用制度等。美国劳工署对各行业的职位也有详尽的统计和指导。对于中高级职业经理的规范化管理主要是依靠法律监督和外部市场约束。经过 100 多年的发展，美国形成了完善的法律体系。对于企业中高层管理人员，有相关法律严格予以规范和制裁。具体而言，主要是《公司法》和《索克斯法案（Sarbanes – Oxley Act）》，有关证券和股票的法律也涉及了对企业中高级职员的监管。美国对于企业及企业雇佣人员的立法权属于各州，因此各州都有自己的《公司法》对企业中高级管理人员予以规范，各州《公司法》都严格规定了企业董事会成员、中高级管理人员的任职资格和经营管理责任。《索克斯法案》是"安然事件"后制定并实施的，它直接针对当时公司运作中出现的问题，加大了公司管理人员的责任和惩罚力度，要求上市公司 CEO 对公司定期报告（年报和季报）的真实性提供个人签字的书面保证。其次，加强了对管理者的收入监管，规定公司财务报告若出现重大违规，管理者将丧失业绩报酬。最后，严格了上市公司信息披露制度、强化外部审计，并赋予证监会、雇员、律师等对经营管理人员的解聘、检举等更多的权利。

（1）市场组织比较完备，支持系统如人才咨询公司、独立的审计组织等也日益健全。美国职业经理人的市场主要由民间企业举办，政府仅仅在宏观上进行指导，通过市场供求机制和竞争机制的作用，推动人才的合理流动，使人力资源得到合理配置，在公开、平等、自愿和相互选择的市场环境下竞争就业。

（2）在美国职业经理人靠其内在的文化动力，即存在于经理人内心的信仰文化，鼓励其多去创造尽量多的财富。另外社会中存在与之相适应的文化氛围，经理人一旦越出文化的底线，其美誉度则荡然无存，其日后的生计将受到严重影响。在西方现代企业制度中，这种将财富的创造和管理视为一种受托责任的文化与现代经理人的理念具有很高的契合度，文化伦理的作用正好弥补了出资人对经理人监督的空白点。

（3）美国政府通过对董事会人选以及董事长的任免权表现国家意志。董事长或董事多为国家公务人员。美国国有企业都建立了权责明晰、定位明确有独立性的董事会，并吸收专业人员和一定比例的职业经理人进入董事会。如美国邮政（U. S. Postal Service）、田纳西河务管理局（Tennessee Valley Authority）等。

（4）职业经理人的选拔以企业董事会或专门的委员会为主体，遵循市场化竞聘的原则，在企业内外征选符合岗位要求的经理人。成熟的职业经理人市场是选拔成功的基本保障。

（5）职业经理人的激励监督机制。据美国《幸福》杂志的调查显示，美国200家大型公司总裁们的报酬由21%的工资和79%的风险收入构成。风险收入的构成比例为：27%的奖金，16%的长期激励，36%的股票类收入。美国职业经理人的激励措施多样，并且重视中长期激励。激励性工资的高比例直接造成了经理人收入的悬殊。人力资本的市场化定价是促使职业经理人的有效激励措施。

（6）美国在职业经理人约束方面已经形成良性互动的企业内外部环境体系，包括完善的法律制度、发达的人才市场机制、规范透明的企业运作和人力资源制度、完备的MBA教育与培训，以及行业协会的指导与管理、个人信用制度等。美国劳工署对各行业的职位也有详尽的统计和指导。对于中高级职业经理的规范化管理主要是依靠法律监督和外部市场约束。经过100多年的发展，美国形成了完善的法律体系。对于企业中高层管理人员，有相关法律严格予以规范和制裁，主要是《公司法》和《索克斯法案（Sarbanes-OxleyAct）》。美国对于企业及企业雇佣人员的立法权属于各州，因此各州都有自己的《公司法》对企业中高级管理人员予以规范，各州《公司法》都严格规定了企业董事会成员、中高级管理人员的任职资格和经营管理责任。《索克斯法案（Sarbanes – OxleyAct）》是"安然事件"后制定并实施的，它直接针对当时公司运作中出现的问题，加大了公司管理人员的责任和惩罚力度，要求上市公司 CEO 对公司定期报告（年报和季报）的真实性提供个人签字的书面保证。另外，美国加强了对管理者的收入监管，规定公司财务报告若出现重大违规，管理者将丧失业绩报酬，严格了上市公司信息披露制度、强化外部审计，并赋予证监会、雇员、律师等对经营管理人员的解聘、检举等更多权利。经理人还受到各专业法律法规的限制，如《证券法》。另外在外部市场约束方面。严格的信息披露制度和外部审计制度等倒逼职业经理人规范经营、严格守法。同时职业经理人的声誉也是约束其行为的潜在因素之一。

5.1.2 德国职业经理人信用评价制度

德国公司对职业经理人的激励机制与日本企业很相似，主要以声誉、地位等精神激励为主。成就感、社会地位和卓著声誉带来的满足感是激励经理人员不可忽视的力量。职业经理人的报酬基本上由基本年薪、年度奖金和津贴组成，其组合情况一般为 65% 的基本年薪，17% 的年度奖金以及 18% 的津贴。当然，德国也有股票期权的激励制度，但是并不占据工资的主要份额，比较著名的股票期权激励制度是德意志银行的股东大会确定的全球持股计划，该计划规定，工作满一年的德意志银行员工，可以购买在市场价格基础上的一定数量的股票（并附有相应的期权），所附期权可以在以后购买相同数量的股票，这对员工产生了普遍的激励作用。此外，职业经理人除了获得以上报酬外，还可以享受一系列的福利待遇，其中最重要的一项是企业养老基金。在过去十几年里，退休的企业经理人享受养老基金的比重已经从 70% 上升到 90% 以上，加上社会保险机构支付的退休金，企业的经理人在晚年可以领到在职最后毛薪 60%～65% 的养老金。

德国企业的约束机制兼具了美英企业和日本企业的做法，但也有其自身的特点，那就是通过职工参与决策制来实现对职业经理人的约束。职工参与决策制的主要内容是：本企业的职工与产业工会的代表有权在公司监事会和理事会中占有一定的席位参与决策；监督已经制定的维护职工利益的法规执行情况和劳资协议执行情况；在社会福利方面有与资方对等的表决权；享有对企业生产经营状况的知情权和质询权等。职工参与决策制需要通过法律得到保障。

5.1.3 日本职业经理人信用评价制度

美国的职业经理人激励制度对资本市场的依赖比较明显，这是由其自身的股权结构决定的。在日本的企业中，法人持股的比例较高，而且法人之间相互交叉持股，这样的股权结构就决定了日本企业股票较低的流动性，股东更看重的是公司经营的好坏与企业利润的高低，公司相互持股甚至循环持股的结果形成了一个经营者集团，因此日本的职业经理人激励制度比较依赖于企业集团控股方式以达到参与公司治理的目的。日本最具特色的激励方式是年功序列制度。所谓年功序列制度是指职业经理人的报酬主要是工资和奖金，奖励的金额与职业经理人的贡献率有关，公司经营业绩越好，经理人的报酬就越高，这样就把经理人的物质利益与企业利益相挂钩，促进了职业经理人与企业的一体化，在这种情况下，职业经理人更加努力工作，而且在公司工作的时间越长，贡献越大，未来获得的报酬就越大。因此年功序列制对于职业经理人具有长期的激励作用。此外，日本还有另一个激励手段，即对职业经理人进行罢免和升迁，对于职业经理人来说，这种手段的约束性更大一些。

在日本的企业中，法人的持股比例较高，而且法人之间相互交叉持股，金融机构持股比例一般要占总股份的46%左右。这样的股权结构决定了日本企业股票的流动性很低，股东更看重的是公司经营的好坏，持股的主要动机在于加强企业间的业务联系，通过稳定经营增加企业利润。公司相互持股甚至循环持股的结果是形成了一个经营者集团，即由相互信任、支持和配合的职业经理人控制企业，使这些职业经理人在公司中居于主导地位。

日本企业股东注重的是公司长期的发展，以市场占有率作为评价公司经营的首要目标，它们用年功序列工资和奖金作为公司职业经理人的主要激励手段。所谓年功序列制度是指职业经理人的报酬主要是工资和奖金，奖励的金额与职业经理人的贡献率有关，公司经营业绩越显著，职业经理人的报酬就越高。日本企业尤其鼓励职业经理人在公司的长期发展，职业经理人在公司干得时间越长，贡献越大，未来获得的报酬就越大。

另外，对职业经理人的罢免和升迁也是日本公司激励与约束职业经理人的一个重要手段。据有关实证研究表明，日本职业经理人的罢免是和企业经营绩效紧密相关的。与罢免职业经理人相对称的激励机制就是对职业经理人的升迁，对职业经理人的升迁主要是由反映股东利益的经营绩效指标决定的。在日本企业中，职业经理人的升迁与税前利润关联最大，其次才是股票收益，这点与日本企业股东更看重企业长期经营相符合。

日本企业领导力的特征是激发员工的归属感，发挥自下而上的团队精神。与美国企业有很大不同，日本企业常常通过长期稳定的就业政策，让员工愿意为公司的长远目标积极努力，从而进一步发挥团队精神和现场工人的智慧，发现问题、解决问题，提高企业的生产和管理效率，实现自下而上的领导方式。以丰田汽车公司为例，领导者着眼于改进产品和服务质量，通过建立团队合作的企业文化，打破部门间的障碍，鼓励员工工作中相互学习，给员工人格的尊重和人性的关怀，消除他们对失去工作岗位的恐惧，实现了生产体系的质量高可靠性和管理体系的稳定性。

5.1.4 英国职业经理人信用评价制度

英国企业对职业经理人的激励与约束机制英国式公司治理结构中最显著的特点是股权结构具有高度的分散性和流动性，为数众多的股东相对更关注公司股价的变动而非公司业绩和治理。治理公司的重担就交到了职业经理人手上，所以其对职业经理人的激励约束显得尤为突出。

英国式公司对职业经理人的激励方式主要包括基本工资、奖金、股票期权、股票四种方式。基本工资为职业经理人提供基本的保障，其激励功能十分有限。奖金是一种基于公司业绩或者个人业绩决定的重要收入，通过这种报酬方式，职业经理人的收入与公司的业绩挂钩，有利于职业经理人在增加自己收入的同时提高股东的财富，但会使职业经理人偏好短期行为，同时会诱使职业经理人操纵股价或者其他考核指标。股票期权即职业经理人在一定的时期内，以指定的价格购买公司股票，而不论市场价格有多高。股票期权对职业经理人有很强的吸力，也有很强的激励作用。股票激励指赠送或者以远远低于市值的价格将公司一定量的股票卖给职业经理人。这种方法既可以减少公司现金的支出，又可以将职业经理人的收入和公司股东的利益更紧密地绑在一起。除了上述几种主要的激励机制以外，英国式公司还采用诸如虚拟股票、股票溢价权、后配股、股份奖励、业绩股份、业绩单位以及补贴、招待费、福利计划、社会保险计划和退休金计划等多项激励措施作为补充和配合。

英国式公司的约束机制主要有四种方式。一是被接管产生的约束。如果职业经理人经营不善，导致股价下跌，公司就有可能被收购，新的股东大会会选择优秀的管理者来改善公司业绩，恢复企业的真实价值。二是来自经理市场的约束。活跃的经理市场的存在，使企业可以在很广的范围内选择更合适的职业经理人。三是退休后"再就业"产生的约束。经济学家 Linck 和 Coles 发现，职业经理人退休后继续留在公司董事会或被聘为其他公司外部董事的可能性与退休前公司的业绩表现呈显著的正相关。因此，为了能在退休之后仍保有"饭碗"，职业经理人必然会在任期间保持良好的声誉和业绩，并且有效地防止了职业经理人临近退休产生的各种"期满"问题（horiwn problems）。四是被解雇产生的约束。职业经理人一旦被解雇，向外界传递的信息就是其工作不称职，其人力资本就会随之极大贬值，以后他要再谋得经理的职位就非常困难了。

5.2 国外发达国家职业经理人信用评价特征分析

随着哈佛企业管理研究院的成立，美国已基本实现了现代企业制度的建立，也预示着职业经理人制度的发展、成熟。商业经济的高速发展，美国职业经理人阶层相当完善，在市场经济乃至全球化的进程中不断地发挥着积极的作用，同时也推动了世界各国职业经理人的发展。作为市场经济十分发达的国家，美国在职业经理人形成的各个方面已经具备成熟的体系，其中对于法律制度、人才市场机制、企业运作和人力资源制度等都有严格而完整的规范。总结国外发达国家职业经理人制度，其特征主要表现在以下几个方面：

（1）职业经理人的报酬方面：美英式的职业经理人报酬与普通工人报酬差距悬殊，在公司职业经理人报酬组合中，长期激励项目比重大。而日德式公司的做法刚好相反，公司职业经理人报酬比较低，与普通工人的报酬差距小，报酬组合中长期激励项目少或没有。

（2）激励机制方面：美英式公司主要采用高工资、高奖金和股票期权等形式进行物质激励为主。日德式公司则以采取荣誉、地位等精神激励为主。

相比于美英式公司用股票期权方式长期激励职业经理，日德式公司更多地采用终身雇佣制和年功序列制等形式对职业经理人进行长期激励。

（3）约束机制方面：美英式公司的约束可以分为内部约束和外部约束两方面：内部约束主要通过股东大会、董事会和监事会来实现。外部约束包括证券市场约束、职业经理市场的约束、公司兼并的约束、金融机构的持股与监督、完善的法规和中介机构的监督。日德式公司对职业经理人的约束主要通过一些机制：大股东的有效监督交叉持股与集体决策；高级经理人的终身聘用；职工参与制约束等。

（4）法律规范方面：职业经理人成熟的国家已经形成了法律制度以规范职业经理人自身和雇主的行为，做到有章可循、有法可依。美国劳工署出台的《公司法》对企业董事会成员、中高级管理人员的任职资格和经营管理责任做了严格规定。英国《公司法》把董事、经理等在公司里有担任一定职务的人都称为高级职员，从这个立法上来讲，经理人是作为雇员的角色出现的。日本、韩国《商法典》规定职业经理人制度定位及规章具体规章，提出"商业雇员理论"，规定职业经理人角色为公司代理人，行使代理权。

5.3 国外发达国家职业经理人信用评价经验借鉴及启示

虽然不同国家经济发展形势、市场环境各异，但在职业经理人制度的实施中，却有着近似的做法。例如制度的顺利实施均以功能健全的董事会为基础，市场化选聘经理人以及注重经理人的激励约束机制的建立等。这些经验做法对我国建立和规范职业经理人制度都具有重要的参考意义。

（1）建立更有效的激励机制，构建更合理的薪酬结构。职业经理人的薪酬应该是市场化的人力资本的价格。从国外经验来看，构架合理的薪酬结构是对职业经理人有效激励的主要措施，有效的薪酬结构一般由较低比例的固定薪酬与较高比例的风险收入相结合。其中，风险收入主要由奖金、股票收入等组成，将经理人和股东的命运捆绑在一起，激励经理人从保护股东利益出发，以促进企业可持续发展、增加国有资本保值增值为行为目标，避免短期行为的发生。所以，在整体机制问题上，应该着力于探索长期激励机制，并结合物质和精神方面对职业经理人进行激励，这样可以更好地鼓励经理人。

（2）强化约束机制，构建完善的法律法规体系。外国国有企业的外部制度环境较为完善，职业经理人的日常经营活动有法可依，基本实现了法制管理。我国及地方政府应该充分发挥政府的立法权，补充完善职业经理人制度相关的法律法规，加强法制环境建设，为职业经理人的日常经营管理行为提供规范，并通过约束企业保障职业经理人权利的实现。

（3）行业自律，充分发挥行业协会职能。国外政府非常重视行业协会的作用，通过行业协会建立资格认证以及可持续的培训项目，为职业经理人提供行业上岗标准，并通过划分资格等级认证经理人能力高低，同时也为企业选择更适合的人选提供硬性标准。

（4）构建科学资格评价制度。在发展资格认证体系的同时，应同时注重经理人的持续问题，完善经理人服务体系，分行业、分等级和有针对性地建立经理人培训体系，注重经理人队伍的可持续发展。

5.4　本章评述

中国职业经理人的发展起步较晚。从全球经济环境和中国当前经济发展形势看，中国职业经理人后发优势明显。

（1）经济全球化把中国职业经理人带入了"高速路"。当代中国出现经理的概念，是1978年改革开放以后。最初的经理只是一个企业负责人和某种社会地位的象征，在新兴的民营企业中，经理一般就是企业的创始者。中国加入世界贸易组织（WTO）以后，国内市场与国际市场的界线迅速消失，国内企业融入空前巨大的世界经济潮流。一方面，企业激烈的国际竞争迫使国内一些大企业充分借鉴发达国家培养职业经理人经验，加紧培育了一批在职业道德规范、经营管理能力、创新意识、知识构成、意志品质和综合素质等方面具有国际化水平的专业化、市场化职业经理人队伍；另一方面，大量外国独资、中外合资合作企业，以及一些跨国公司进入中国，选择了一批本土中国人担任其企业经理人，直接运用其成熟的经营管理经验参与企业管理，以越过职业经理人发展本应经历的漫漫长路，接轨世界职业经理人发展的高速路，大大降低了发展成本。

（2）发达国家先进的企业管理理念为中国职业经理人开辟了广阔的市场

前景。目前中国大多数国有企业，没有做到所有权、法人财产权和经营权分离；大多数民营企业更是所有权和法人财产权混为一体，并且职业经理人市场也没真正形成，所以，尚未真正形成职业经理阶层。但这并非中国企业不需要职业经理人。恰恰相反，随着中国市场经济的建立和发展，根据发达国家职业经理人经营管理企业的良好效应，建立现代企业制度，企业经理职业化是必由之路，从而将使国际化、专业化、市场化的职业经理人成中国乃至世界广阔的职业经理人市场最为紧缺的人才。

（3）世界成熟的企业经营管理经验为中国职业经理人提高素质铺设了康庄大道。世界许多发达国家，企业的经营管理从产品开发、营销、生产、采购到财务、人力资源管理等各个环节愈来愈细，职业经理以其具备的全面经营管理知识基础和相关技能，举重若轻地经营管理企业，并不断把企业引向新的境界。例如，美国作为经理人的发源地，一个多世纪以来，已经形成了十分成熟的职业经理阶层，对美国的发展乃至世界经济的发展都起着十分重要的作用。中国经济融入全球化以后，中国政府自然被赋予了为催生中国职业经理人营造良好的体制环境、市场环境、制度规范和内部环境的职责；同时，中国的经理们也迎来了以海纳百川的气魄，不断学习借鉴发达国家的经营管理经验，努力掌握现代企业的经营管理理念和专业知识，加强职业道德修养，并在实践中历练积累经验，迅速提高自身素质，在先发国家以其成功经验铺就的康庄大道上，带领各自的企业融入全球一体化经济圈的良好机遇。

中国职业经理人信用评价
体系构建及管理研究

Chapter 6

第6章　我国职业经理人信用评价体系构建

6.1 推进我国职业经理人信用评价的战略意义

北京大学光华管理学院院长张维迎提出,未来中国企业能否壮大,在很大程度上取决于职业经理人队伍的建设。中国出现"经理"这个职业也有30多年了,但到目前还没有形成职业经理这个阶层,也没有形成以职业经理人信誉为核心的职业经理人的培养、评估、选择和使用的市场机制,在很大程度上是由于职业经理人的信用无法保障,从而阻碍了中国经理职业化的进程。我们需要一套科学合理的职业经理人信用评价体系来对职业经理人进行规范的信用评价,实现对职业经理人的监督和约束,把企业所有者和职业经理人从信用缺失的陷阱中解救出来,扫除经理人职业化道路上的最大障碍,促进我国企业在现代产业制度下良好有序的发展,中国开展职业经理人的信用评价无论从政治社会层面、市场经济层面、公司发展层面还是职业经理人个人层面都是十分必要的。

6.1.1 构建诚信社会的必要举措

2016年11月1日,中央全面深化改革领导小组第二十九次会议审议通过了《关于加强政务诚信建设的指导意见》《关于加强个人诚信体系建设的指导意见》以及《关于全面加强电子商务领域诚信建设的指导意见》,这"三大诚信"建设,是对当前我国社会信用体系建设的"三支重箭",值得注意的是,由商务部和国资委共同组织开展的行业信用评价试点工作中也提出了关注企业高管人员的信用记录的要求。2017年10月,党的十九大报告提出的"坚持德才兼备、以德为先,坚持正确选人用人导向,匡正选人用人风气""破除妨碍劳动力、人才社会性流动的体制机制弊端,完善政府、工会、企业共同参与的协商协调机制,构建和谐劳动关系"和"深入实施公民道德建设工程,推进职业道德建设"等国家文件标志着"人才的诚信"在我国得到了前所未有的社会关注和支持,社会信用体系迎来了最有利的建设和发展机遇。职业经理人制度是现代企业治理结构的重要组成部分,对于社会而言,职业经理人的诚信常常体现为企业的诚信,对于企业而言,职业经理人的诚信则维系着企业的良好工作关系、人际关系和诚信文化的建设。国家高度重视职业经理人的信用记录、信用评价和信用体系的构建和运用,这也是各级职业经理人协会需要承担的基础工作和基础责任。根据中组部、国务院国资委等五部门印发的《企业经营管理人才队伍建设中长期规划(2010~2020年)》中提出的关于"加快建设全国集中统一的职业经理人诚信管理系统"的要求,中国职业经理人协会根据中国企业经理人的发展现状,在"职业经理人发展项目"的研究中提出了"打造中国特色的职业经理人信用评价体系"的总体思路。

很显然,在构建社会诚信体系建设的今天,职业经理人的诚信建设是必不可少的一部分,而建立健全职业经理人的信用评价体系是推动职业经理人诚信建设的重要举措。

6.1.2 推动市场经济健康发展的重要力量

职业经理人市场作为整个市场体系中的一个部分,其形成、发展和成熟受整个市场体系发育程度制约,市场之间是相互依存,相互制约的。职业经理人市场的发展有利于整个市场体系的成熟发展。当前中国的经济发展步入新常态,遇到了一系列的新问题,中等收入陷阱也好,发展方式转变也好,最根本的一点就是要进行供给侧结构性改革。供给侧结构性改革的核心是作用于生产者,也就是说生产中最核心的部分要有活力,生产者,正是把企业、产业、劳动者等生产要素连接在一起的人,也就是企业家和职业经理人。改革开放以来,尤其是社会主义市场经济发展的不断完善,给企业经理人队伍成长、壮大创造了有利的条件,回顾改革历程,由于强调"效率",一方面使长期以来"轻商""轻利"的现象得到了很大程度上的纠正;另一方面却造就了人们在市场经济条件下追求利益欲望的快速膨胀,而应该扮演重要角色的市场信用监管体制的缺失,特别是对企业经理人在职、履职的职业信用行为的监督以及对其失信行为的惩治完全处在空白,经常会使失信利益大于失信成本,让失信行为的泛滥有了可乘之机,进而使得失信演变成社会主义市场经济健康发展的严重羁绊。

建立信用的记录、评价、公开制度,为社会提供信用信息。让消费者、同业竞争者得到应得的信息,使诚信者获得更多的交易机会,获得更多收益;便有不良行为记录者付出代价,名誉扫地,直至绳之以法。严格的环境监督则能够防患于未然，时时督促经理人弃恶从善，加速社会道德风气的改善。加强职业经理人信用评价意识有利于加强对企业的监管，在许多国家，信用等级都是很重要的一个监管指标。同时由于职业经理人信用和企业信用的相关联性，通过对职业经理人信用的评价和管理可以间接表现为对企业信用的监管，将两种管理结合起来，将有利于政府履行职能，提高监管效能。因此，重视作为社会、企业精英阶层的职业经理人的诚信机制建设，养成职业经理人的诚实守信，是社会主义市场经济向更高级阶段发展的强劲召唤。

6.1.3　企业长久发展的基本保障

《中共中央、国务院关于进一步加强人才工作的决定》提出，推行职业经理人资质的标准化，将品德、知识、能力和业绩作为衡量企业经营管理人才的主要标准。职业经理人信用体系的建立与运行是一个系统工程，建立科学的职业经理人信用体系在企业管理实践中，有着非常重要的意义。职业经理人信用体系的立足点在于更好地规范约束职业经理人，为企业解决由于信息不对称带来的管理风险。职业经理人信用体系也可以指导企业委托人招聘到信用度较高的职业经理人，减少风险。

职业经理人是企业生产经营活动的核心力量，他们的个人素质和道德水准左右着企业的信用水平，对企业信用起着直接的作用。因此，通过实施对职业经理人的信用评价和管理，可以促进企业信用的建设。优秀的企业文化是维持企业永续经营的活力源泉，企业诚信建设是企业文化的重要组成部分。职业经理人的信用好坏关系着企业的诚信建设。在开展对企业的信用评价时，一定要加强对企业高管的信用评价，这是因为企业高管的信用，特别是其在企业经营行为中的失信行为，对社会、企业在信用方面造成的负面冲击，其影响要远远大于一般普通人。因此，为了企业的永续经营，企业在聘用职业经理人时，对职业经理人进行信用评价是必不可少的步骤。

6.1.4　促进职业经理人职业化的重要保障

近几年来，由于一些企业没有协调好职业经理人与企业、企业所有者之间的关系，致使双方纷争不断，给企业带来了巨大的损失，企业和企业所有者困惑于难以找到值得信任的职业经理人，职业经理人却也倍感失落。因此，建立完善的职业经理人信用评价和管理体系，将会有利于规范职业经理人的信用行为，促进我国经理人职业化的发展进程。上海最近又出台了《职业经理人职业标准》（以下简称《标准》）的文件。《标准》中提出职业经理人参加的培训辅导不低于250学时，高级职业经理人不低于300学时。并对职业经理人的素质提出两方面的要求：一是基本要求，二是工作要求。基本要求包括"职业道德"和"作为职业经理人所必须具备的知识"。从职业经理人的个人成长角度来看，一套完善的职业经理人信用评价体系，有助于职业经理人的职业生涯顺利展开。目前，中国职业经理人的市场还很不成熟，不完善的职业经理人的评判体系，导致企业主与职业经理人之间的信息不对称，企业主和职业经理人相互信任的缺失，进而使职业经理人在进入企业后很难真正参与企业的经营决策，影响经理人自身才能的发挥，甚至会使某些职业经理人很难找到自己心仪的企业。而一套合理的、科学的信用评价体系，在企业主和职业经理人之间充当中介的作用，能很好地化解这种信息不对称所带来的问题。职业经理人信用体系的建立对于我国经理人职业化、市场化、国际化具有重要意义。职业经理人市场健全与否的一个重要的标志是其配置功能能否发挥作用，职业经理人信用体系的建立有利于职业经理人更好地被识别和约束。企业通过规范、科学的考核体系来选拔和提升职业经理人，不仅是对职业经理人的素质尤其是高素质职业经理人的认可与激励，同时也增强职业经理人提升自身职业道德素质的动力，从而为职业经理人更好地履行道德行为，推进职业经理人健康成长提供良好的道德氛围。职业经理人信用体系的建立对于整个社会信用意识的普及推广也具有很强的实践意义。

6.2 职业经理人信用评价体系应具有的功能

职业经理人信用评价体系通过真实、动态地收录职业经理人的相关信息，既为企业所有者解决信息不对称所带来的招聘、管理职业经理人过程中的风险，也可以进一步规范化职业经理人的管理。因此，职业经理人信用评价体系应具有以下功能。

6.2.1 建设企业信用功能

对企业而言，职业经理人与企业投资人之间是委托代理关系，与企业员工之间存在着领导与被领导关系，职业经理人的诚信关系着企业信用文化的建设。职业经理人的个人素质和道德水准左右着企业的信用水平，对企业信用起着直接的影响力。据相关调查报告显示，我国近50%的企业经营者认为职业经理人道德素质不高是造成企业信用缺失的最主要因素，85%以上的企业经营者认为职业经理人道德素质对企业信用水平影响很大。对职业经理人开展信用评价、构建职业经理人信用评价体系发挥着信用信息传递的作用，并可以有效解决因企业与职业经理人之间的"信用危机"而导致的"信任危机"。因此，通过建立职业经理人信用评价体系并利用该体系对职业经理人进行招聘前和应聘后的个人信用评价和管理，可以辅助企业信用建设工作，并有效提升企业主体的信用水平。

6.2.2 监管企业功能

从国外经验来看，信用评价结果（即信用等级）是一项重要的企业监管指标。职业经理人的信用与企业信用具有相关性，职业经理人作为企业的实际管理者，在信息不对称的情况下，职业经理人有可能为一己之私将个人利益置于公司利益至上，贪图短期利益而放弃公司长期战略利益，其失信行为无疑将严重损害企业所有者的经济利益，并因个人失信问题拉低企业本身的信用水平。职业经理人信用评价体系从个人信用、职业信用以及职务信用三个维度对职业经理人进行评价，通过该信用评价体系进行企业内部信用监管，改善企业内部高层管理人员的管理效能，并制定或修改相关企业政策；信用等级也可以作为政府相关职能部门进行企业监管的参考依据，对于存在信用问题的企业进行深入调查、管理和处分。

6.2.3 激励与约束职业经理人功能

当前，我国职业经理人的激励措施主要是以短期激励为主，以长期激励为主要形式的股票、期权等工具被较少使用。这样会导致职业经理人出于自身利益最大化的考虑，其行为就会有短期化倾向。在约束方面，主要是以内部约束为主，而由于外部的法律体系不完备、市场发育落后和信用体系建设不完善等原因，企业很少使用诸如法律约束、市场约束、行业约束和信用约束。即使有时候使用这些约束，对企业来说成本会很高。但对于职业经理人而言，声誉实际上对其行为的影响尤为重要。声誉机制的形成对其职业生涯发展起到重要的显性激励的作用。因此，将职业经理人信用评价体系作为一种声誉机制，得出的信用评价结果成为职业经理人在行业中职业经理人的企业经营能力和职业信用的证明，同时也可以作为经理人市场中的信息披露机制，解决信用信息不对称而产生的逆向选择和道德风险问题，内外部结合对职业经理人进行约束。

6.2.4 提升职业经理人素质功能

职业经理人作为企业人力资本的主体，为更好地体现自身价值，必然注重自身素质的提升，这时职业经理人会主动进行职业生涯规划和提升职业资格等级，在职业经理人行业占有一席之地。而职业经理人信用评价结果犹如一面镜子，客观反映经理人的职业素养和自身信用状态，职业经理人根据评价结果了解自身无论是个人还是职业方面存在的问题，促使其更加注重企业经营管理技能的学习，提高专业能力，加强自我信用水平，提升整体素质。

6.2.5 改进职业经理人绩效功能

在职业经理人市场上，其绩效的信息通过市场机制来体现，市场竞争能在一定程度上揭示有关职业经理人能力和努力程度的信息，另外，市场竞争的优胜劣汰机制自然对职业经理人的控制权形成一种威胁，这也就形成职业经理人的工作动力和无形的压力。而职业经理人的个人绩效和所在企业的绩效是职业经理人信用评价体系中的主要组成部分，若职业经理人增强其市场竞争能力，职业经理人信用评价体系必然能够促使其无论从数量上还是质量上改进个人和企业绩效。

6.3 设计评价体系的基本思路、指导思想和原则

6.3.1 信用评价体系的基本思路

本书在确定职业经理人培训效果评估指标基础上，以层次分析法为基础

建立数学模型，确定各指标的权重。层次分析法是由美国运筹学家于20世纪70年代提出来的，是一种解决多目标的复杂问题的定性与定量相结合的决策分析方法，它是用决策者的经验来判断各衡量目标能否实现标准之间的相对重要程度，并合理地给出每个决策方案各标准的权数，利用权数求出各方案的优劣次序。其本质是试图使人的思维条理化、层次化，它充分利用人的经验和判断，并予以量化，进而对决策方案进行排序。运用层次分析法进行指标权重的数据处理共有以下几个步骤：第一步，建立层次结构模型。这一步要求在深入分析所面临的问题之后将问题中所包含的因素划分为不同层次，用框图形式说明层次的递阶结构与因素的从属关系。第二步，构造两两比较的判断矩阵。判断矩阵元素的值反映了人们对各因素相对重要的认识，一般采用1~9及其倒数的标度方法。当相互比较因素的重要性能够用具有实际意义的比值说明时，判断矩阵相应元素的值则可以取这个比值。第三步，层次单排序及其一致性检验。通过计算判断矩阵的特征根，并经归一化后即为同一层次相应因素对于上一层某因素相对重要性的排序权值，这一过程称为层次单排序。排序后，还要通过特定方法对该单排序进行检验，检验其是否具有较好的一致性。第四步，层次总排序。计算同一层次所有因素对于最高层相对重要性的排序权值，称为层次总排序。第五步，专家权重汇总与一致性检验。

本书中信用评价体系的设计借鉴了山东大学前期研究成果的主要架构，主要从个人信用、职业信用和职务信用三个方面来考察职业经理人的信用状况。具体的设计思路如下：

（1）在确定上述三个一级指标之后，在整理相关研究成果的基础上，通过文献归纳、专家评价、客户第三方评价以及自我信用案例陈述构建影响职业经理人信用状况的个人信用、职业信用和企业信用的目标层、准则层、方案层的细化，即信用评价二级指标。

（2）采用层次分析法根据职业经理人的个人信用、职业信用、企业信用等多级指标在评价体系中所占的相对比重来确定各方案因素的重要性，构造该级别的判断矩阵。

（3）计算层次单排序和总排序的权向量并做一致性检验，明确各评价指标的权重，进而构建并完善职业经理人信用评价体系。

（4）初步设计完成信用评价体系后，要对信用评价体系进行实际检验，并根据检验结果对原有评价体系的指标和权重进行优化和调整，从而最终确定信用评价体系。

在设计信用评价体系时，我们要注意职业经理人信用评价指标的可操作性、可持续性和可获得性，同时职业经理人信用评价不应局限于惩罚性指标，而应适当体现激励性指标，既体现"失信惩罚"，也应体现"守信得利"。

6.3.2 信用评价体系的指导思想

信用评价体系的设计基于公德、商德和"官德"三位一体的诚信系统的基本思想，中国职业经理人协会洪虎会长曾指出职业经理人诚实守信应该包含三个层次：一是作为公民层次应该具备的基本诚信，即公德，如个人信用记录、交通违规记录、纳税记录、司法记录等；二是作为经营管理人员层次的商业诚信，即商德，职业经理人是企业的经营管理人员，作为经营管理人员应该在工作中做到诚实守信，如能否做到竞业禁止，是否存在违规跳槽、职权谋私等方面的诚信；三是作为企业领导人层次的诚信，即"官德"，是否能够带领企业做好诚信工作，是否注重企业产品品质、品牌的打造，是否主动承担企业社会责任等。建设这三个层次的诚实守信，即构建一个公德、商德和"官德"三位一体的诚信系统，才能对职业经理人的信用有一个全面、系统、科学、客观的评价。

信用评价体系的设计还受激励双赢理论的影响，由于信息不对称，职业经理人可能会利用比企业所有者掌握更多的生产经营信息的优势去逃避委托人的监督和控制，因此企业所有者往往会设计各种激励机制去激励职业经理人，企业的利益未必能实现最大化。如果能有一种制度安排，使行为人追求个人利益的行为，正好与企业实现集体价值最大化的目标相吻合，这一制度安排就是"激励相容"，即激励双赢。在双赢策略的指导下，合作过程中各参与方既相互联系又相互制约，在各自原则立场的基础上，兼顾其他参与方的利益，做出各方都能接受的选择，完成最佳利益分配。因此，我们以激励双赢理论为基础，追求"利益相关者满意、职业经理人与企业共同发展"的理念，以此来指导职业经理人评价体系的设计。

6.3.3 信用评价体系的基本原则

（1）导向性原则。

本书构建职业经理人信用评价体系不仅是为了评价职业经理人信用水平

的好与坏,更是为了让职业经理人通过评价体系发现自身存在的不足,同时信用评价体系的指标也可以对职业经理人的发展具有指导意义,能够指明职业经理人今后的改进方向。职业经理人信用评价结果犹如一面镜子,客观反映经理人的职业素养和自身信用状态,职业经理人根据评价结果了解自身无论是个人还是职业方面存在的问题,促使其更加注重企业经营管理技能的学习,提高专业能力,加强自我信用水平,提升整体素质。

(2)层次性原则。

本书认为职业经理人信用评价体系是关于职业经理人职业、商业、个人生活信用的综合评价,设计评价体系时应做好层次研究。职业经理人体系主要由职业信用、商业信用和个人信用三个子系统构成,每个子系统之间所进行的评价应该是相互独立的,同时子系统内的评价指标选取应该是全面的,能充分反映所属子系统。

(3)科学性原则。

所谓的科学性原则,指的是选定的个人信用评价指标要界定清晰、可衡量、并可以通过计算较为准确的获得。在指标选取的过程中应客观合理地分析对职业经理人的信用水平产生影响的各种职业、生活及其他信息,其中包括企业自身因素以及企业所处的行业以及国家政策等各方面。这就要求指标的选取应具有科学性,既要相互配合,又不能重复、不能互相矛盾。信用评价指标体系中的每一个指标都应具有确定的、科学的深刻内涵。既要选择含义和概念准确、容易理解、容易计算和分析的指标,同时又具体、可靠、实用,这样才能做到以客观、公正、全面、科学地反映威客模式个人信用状况的好坏。从评价方法的选择和指标计算上也必须符合科学性,是指计算方法应科学,评价方法应有理论基础及实证验证。

(4)可操作性原则。

可操作性原则是指选取的指标除要遵循科学性、针对性原则以外,必须具备可以量化并进行数学分析的特点。职业经理人信用评价就是通过选取影响职业经理人信用的指标并将其量化,再通过一定的模型进行有效性分析的过程。指标选取的个数不宜过多或过少,指标选取较简单则不能全面反映职业经理人信用,过多则易造成指标间的界定模糊,这两种情况均不能准确反映职业经理人的信用评价结果。选取时应从多层次、多角度出发,才能科学地反映评价对象。评价层次和指标数量过少,难以保证全面、真实地反映系统特性；太多则会使评价过程十分复杂，增加实际操作难度。因此，在指标设计上要综合考虑，本着合理构造层次数量和指标数量的原则，力求评价体系做到思路清晰、方法恰当可行。

（5）定量与定性结合原则。

定性分析是定量分析的前提，定量分析则使定性分析更加科学、准确，两种分析方法相互结合、相辅相成才能使分析结果更深入和合理，两者相互统一、相互补充。职业经理人信用评价体系由于其系统复杂性，影响其职业信用评价的因素众多，如通信缴费、公用事业缴费等是可以量化的指标，也有较难量化的指标如是否遵循禁业条款、是否离职不挖墙脚等因素。单独采用定量分析或者定性分析方法都不能满足整体评价的需求，因此，在评价的过程中，要使用定性和定量相结合的方法。

6.4 职业经理人信用评价指标体系构建

随着市场经济体制的逐步完善与深入发展，我国企业的持续、健康发展有赖于建立一支专业化的职业经理人队伍，而职业经理人队伍的打造则有赖于其在职业知识、职业能力、职业素养三方面的全方位提升。其中，职业知识是基础，职业能力是职业知识的转化和在实践中的灵活运用，职业素养是职业经理人在品质、道德方面的具体表现，德才兼备方能成为优秀的职业经理人。职业素养比职业知识、职业能力更为重要，有才无德的管理者与有德无才的管理者相比，前者对企业的负面影响更大。良好的职业素养应成为职业经理人评价的首要标准，而信用评价则贯穿职业经理人职业素养评价的始终，成为职业素养评价的核心。

6.4.1 职业经理人信用评价指标的框架

职业经理人信用评价指标体系不是任意指标的随意堆砌或简单罗列。任何一套科学的指标体系的建立，必须先有一个具体计量指标所赖以附着的逻辑框架，这个框架实际上是对应于特定对象而建立的理论解释系统。职业经理人信用评价指标体系设计的框架包括对指标体系设计原则与依据、指标体系层级与数量、一级指标层的项目与关系等的解释与表达。

根据前面的分析，职业经理人信用评价指标体系的一级指标必须基于对职业经理人信用内涵的合理认识，从影响和关系职业经理人信用的种种因素中去概括，因此，可以用个人信用、职业信用和商业信用评价来作为一级指标。一级指标必须分解成能直接衡量的二级指标。借鉴国内外已有的研究成果，遵循评价指标体系设计的原则，根据指标体系设计的影响因素和依据，以职业经理人信用维度为基础，构建职业经理人信用评价指标体系设计模型，如图6.1所示。

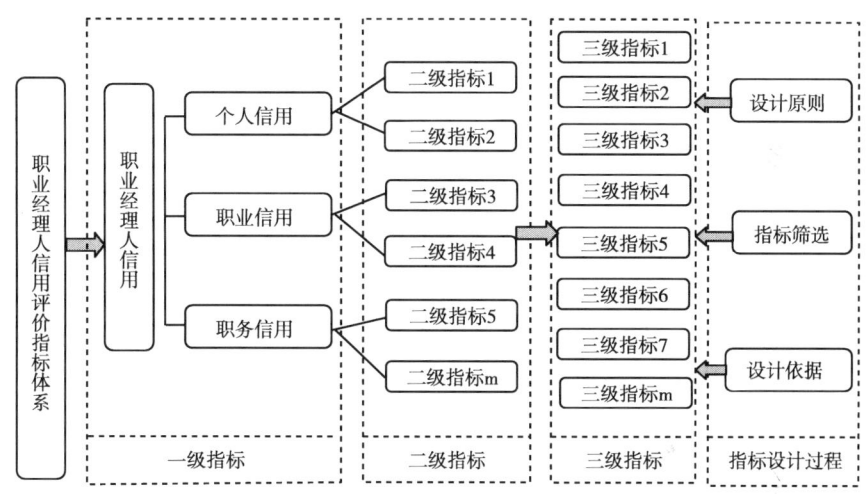

图6.1 职业经理人信用评价指标体系设计模型

职业经理人信用评价指标体系逻辑框架是一种方法、结构和工具，用来组织和构建质量评价的各种指标，它可以对职业经理人信用评价项目进行深入的理解和划分。设计和构建职业经理人信用评价指标体系时，由于一些指标本身不具有可测性，必须将这些指标分解成若干个子指标，从而形成结构合理的递阶结构和框架。职业经理人信用评价一级指标是对评价范围的类型划分，位居整个体系的最高层次，规定了评价指标体系的基本方面；二级指标是指反映职业经理人信用的基础性指标；三级指标是用对二级指标进行校正和量化的辅助指标，可以对二级指标评价中的不实情况和客观因素进行校正，使处在不同环境中的同类评价对象具有相同的评价起点和尺度，从而增强指标体系的可行性。职业经理人信用评价指标框架对信用评价指标体系构建具有非常重要的指导作用，使基于该框架设计的指标体系能全面地反映职业经理人信用的外延,让评价指标更加条理化。如果缺乏逻辑框架的支持和引导,维度设置太过抽象,而使后续指标要素的选择难以把握,就容易造成指标之间的交叉、冲突和关键指标的丢失,从而给指标体系的构建带来难度。

具体来说,为了全面反映职业经理人的信用水平,有必要将职业经理人的信用解构为个人信用、职业信用和商业信用三个方面,建立全方位的评价体系①。

(1) 个人信用。个人信用关注的是职业经理人的自然人身份,即作为自然人的职业经理人的信用水平,包括在金融机构的履约记录,如信用卡及消费信贷的还款情况等;与商业机构或个人发生借贷关系形成的履约记录;与公用事业单位发生赊购关系形成的履约记录,如通信缴费、公用事业缴费等;与住房公积金、社会保险等机构发生经济关系形成的履约记录;欠缴依法应交税费的记录;其他有可能影响个人信用状况的刑事处罚、行政处罚或民事赔偿记录等。如果某位职业经理人作为自然人的信用水平都不容乐观,那他作为职业经理人的信用水平也就可想而知了。

(2) 职业信用。职业信用关注的是职业经理人的职业人身份,即作为代理人的职业经理人,在维护作为委托人的企业主的利益方面的信用水平,包括是否信守任职承诺,如是否与面试表述及聘用合同相符、能否避免出工不出力的现象发生、是否拿企业主的企业当"免费试验田"等;是否拒绝输送利益,如决策是否不计私利、能否避免关联交易等;是否回避同业竞争,如是否按照期限要求履行工作合同、是否遵循禁业条款、是否离职不挖墙脚等。对职业经理人信用评价而言,职业信用评价的难度最大。如果仅仅依靠职业经理人之前雇主的评判,很容易走向两个极端,影响评价的客观性。一方面,由于之前的雇主抱着老好人心态,可能对职业经理人曾经出现的职业信用污点隐而不报;另一方面,由于之前的雇主抱着仇人心态,可能故意夸大职业经理人曾经的职业信用污点,甚至有意编造职业经理人的职业信用污点。

(3) 商业信用。商业信用关注的是职业经理人的企业人身份,即作为企业实际经营管理者的职业经理人,在负责企业具体运营的过程中,是否存在引导企业实施机会主义行为的记录,包括发布虚假信息,如虚假宣传、虚假广告、伪造流量和商业信誉、披露虚假信息、账目造假等;非法侵权,如制

---

① 唐兰. 我国职业经理人信用体系研究 [D]. 山东大学,2007.

假售假、侵犯知识产权、商业诋毁、商业欺诈、市场操纵、内幕交易等；合同违约，如拖欠货款及工程款、拖欠员工工资、交货违约、服务违约等；偷逃骗税；金融欺诈，如恶意逃废银行债务、制售假保单、骗保骗赔、非法集资、逃套骗汇等。在评价职业经理人的商业信用时，应密切关注行政处罚记录、仲裁及审判记录、新闻媒体报道，要求职业经理人尽可能提供并动态更新所获奖励及荣誉的相关证明，确保评价的真实性、客观性与全面性。

综上所述，信用问题构成职业经理人市场发展的关键，成为各方关注的焦点。而从整个社会来看，职业经理人信用则是引领社会潮流发展的风向标。如果作为精英阶层的职业经理人能注重自身的信用建设，必然对其他社会阶层起到良好的示范作用，为推动诚信社会的建设创造有利的条件。因此评价职业经理人信用就是按照一定的标准和程序对职业经理人个人信用、职业信用和商业信用作出评价的过程。这就使职业经理人在信用问题上必然本着"永远战战兢兢，永远如履薄冰"的态度，建立起强大的诚实、守信的内在约束机制。

6.4.2　职业经理人信用评价指标的筛选

（1）专家来源。

课题从理论上和实践上两方面出发，邀请的专家分别来自高校、管理协会的专业人士以及一线工作的业内人士，保证了方向上的正确性以及实践中的专业性。

（2）访谈方式。

课题采用单独"一对一"访谈方法为主、电话访谈为辅的访谈方式。单独"一对一"面谈保证对被访问者所提供的信息的高度保密，辅助的电话访谈保证信息收集的完备性。

在正式访谈前课题小组成员提前查阅和了解被访谈人的基本信息，进而准备访谈提纲、安排访谈场所以及提前通知被访谈者。对于不方便面谈的人员，由课题小组准备好结构化的问题，采用电话访谈的方式进行。访谈结束后，对照录音进行核对，录入各指标权重中，供下一步使用。

（3）访谈结论。

基于对专家的访谈基础上，得到以下结论：一是职业经理人信用评价不单单是一方面的衡量,更是多因素的影响,应该把对职业经理人信用评价体系从个人信用、职业信用、商业信用三方面进行,以全方位地纳入更多可能的影响因子;二是三大方面又可以分解为具体的评价指标,进而达到对结果的一个量化;三是通过沟通,了解到指标在指标体系中的价值和评价者对该指标重要性的不同可以直接影响到综合评价的结果。因此,设计指标体系中各指标权重合理与否,直接关系到评价结果的客观性、公平性、合理性。

6.4.3 构建的职业经理人信用指标体系

根据上述分析,在对专家访谈和大量的文献调研的基础上,从职业经理人信用的内涵和结构出发,我们构建职业经理人信用评价指标的框架,它由个人信用、职业信用和职务信用3个评价领域,13个三级评价指标构成。

对于职业经理人个人信用评价,我们选取了信贷记录、纳税记录、缴费记录、交通记录、司法记录、考试记录等六个评价指标进行综合评价。

对于职业经理人职业信用评价,我们选取了违约跳槽情况、竞业禁止情况、职权谋私情况、职场性骚扰、兼职行为、泄露商业机密、安插亲信、用工违法、定高薪酬等九个指标。

对于职业经理人商业信用,我们选取企业产品质量、企业拖欠货款、企业环保责任、企业关联交易、企业缴税记录、企业司法记录、企业用工违法等七个指标。

在给出各项指标的同时,还给出了指标等级划分标准、信息来源和否决条件。经过多次修改最终在原来22个指标基础上,删除缴费记录、个人用工违法、企业拖欠货款、企业关联交易和企业用工违法等5个指标。通过调整,最终确定了以企业(职业)经理人的个人信用、职业信用和职务信用三位一体的11个信用评价指标。

进一步地,课题组结合个人征信发展的实际情况、结合二级指标的可得性,对其中三大维度作了细化调整。其中,个人信用部分,主要是通过受评对象的信贷记录、纳税记录、司法记录、驾驶记录、考试记录来考察;职业信用部分,主要是通过受评对象的从业企业数、从业行业数、兼职行为、职业不道德行为来考察;职务信用部分,通过对其所在企业产品质量、企业社会责任、企业缴税情况和企业的司法记录来考察,如表6.1所示。

表 6.1 职业经理人信用评价指标体系

一级指标	二级指标	三级指标	指标项说明
职业经理人信用	个人信用	信贷记录	信贷记录可以反映一个人的信用活跃程度、还款习惯、违约情况以及信贷额度,可以通过信贷记录来评价其信用状况
		纳税记录	纳税记录可以反映一个人缴纳税款的情况,偷税、漏税严重影响社会诚信与公平,国家税务局也发布了《纳税信用管理办法试行》的公告,可以通过纳税行为来评价信用
		司法记录	司法记录可以反映一个人的遵纪守法情况,有助于企业和个人自觉遵守法律、尊重合同,珍视自身信用的观念养成与行为规范形成
		驾驶记录	违章、买分卖分、代人受过都是不诚信的表现,通过驾驶记录可以了解到一个人的驾驶习惯以及违章等情况,可以用来评价其信用状况
		考试记录	考试作弊也是不诚信的表现,因此通过一个人的考试记录可以来评价其信用状况
	职业信用	从业企业数	从事职业经理人这一行业以来,在多少个企业供职
		从业行业数	从事职业经理人这一行业以来,在多少个行业供职
		兼职行为	在从事职业经理人这一职业的过程中,是否有兼职行为
		职业不道德行为	其他职业不道德行为
	职务信用	企业产品质量	企业是否有销售伪劣商品等不诚信行为
		企业环保责任	企业是否有恶意偷排污染物的行为
		企业缴税	企业是否存在偷税漏税的行为
		企业司法记录	企业是否有被银行判决不执行的行为

(1)个人信用评分标准。

个人信用是企业(职业)经理人个人在公共征信系统中的信用,主要是指与个人有关的遵守契约、法规情况。作为一名企业(职业)经理人,在信贷、缴税、考试等方面都应该讲诚信,因此,可以通过对受评对象的信贷记录、司法记录、纳税记录这 3 方面来评价他的个人信用,同时以考试记录、驾驶记录作为个人信用的减分项予以评定。

信贷记录(含信用卡)(35 分)

贷款次数:(15 分)

3 次及以下 0 分,4~7 次 5 分

8~10次10分，10次以上15分

违约次数：（20分）

无违约情况20分，3次及以下12分

4~5次5分，5次以上0分

司法记录：（35分）

记录条数：

无司法记录35分，3条及以下25分

4~6条10分，7~10条5分

以上0分

纳税记录：（30分）

欠税记录条数：

无欠税记录30分，3条及以下20分

4~5条10分，5条以上0分

另：

个人信用的减分项：（没有记录，不减分；有记录适当减分）

考试记录：

考试违纪、作弊次数：

无记录0分，3次及以下-5分

4~5次-8分，5次以上-10分

驾驶记录：（15分）

平均每年违章次数：

无记录0分，3次及以下-5分

4~5次-8分，5次以上-10分

（2）职业信用评分标准。

职业信用是企业（职业）经理人个人在特定的期间内遵循就职单位或所从事行业的规章制度的行为。其中，从业企业数占10分，频繁跳槽的行为是不负责任的表现，但是也不排除跳槽是为了使自己得到更好的发展，从业企业数越多，接触到各个企业不同的管理经验有助于企业（职业）经理人的发展；从业行业数占30分，从业行业数越少，代表其对该行业的了解就更为深入也更专业，更有利于其在该行业的进一步发展，出现职业信用失信的成本就更高，因而表现出具备更高的职业信用；兼职行为占10分，兼职行为越多意味着更容易发生对企业所有者不利的情况；职业不道德行为占50分，认为此项指标可由泄露商业机密、安插亲信、以权谋私等行为组成。

（3）职务信用评分标准。

职务信用是企业（职业）经理人个人在所供职企业任职期间，企业在社会上遵守规章和法律的情况。在全国企业信用信息公示系统查询受评职业经理人所在企业的基本信息的基础上，具体将职务信用具体归结为：企业产品质量（总分30分）、企业社会责任（总分20分）、企业缴税记录（总分25分）和企业司法记录（总分25分）四个部分。

6.5 职业经理人信用评价体系的权重确定

6.5.1 确定权重的原则

权重是以某种数量形式对比、权衡被评价事物总体中诸因素相对重要程度的量值。指标权重体现出该指标在指标体系中的价值和评价者对该指标重要性的认识，它直接影响到综合评价的结果。指标体系中各指标权重的确定合理与否，直接关系到评价结果的客观性、公平性、合理性。

因此，我们在确定指标权重时要遵循的原则是：

（1）客观性。权重应该真实地反映指标体系中各指标对综合评价值的贡献。权重应该是多个专家公认的、相对稳定的数值。权重的确定往往需要评价者或者专家不断改变认识、给出权重数值，并不断修正权重数值的循环往复的过程。

（2）范围性。只要指标体系制定得客观、合理，各指标的权重应该在特定的范围内，一般不宜过大或者过小。指标权重过大或过小都需要调整指标体系的指标设置。

（3）层次性。根据指标体系的层次性，先确定较高一级评价指标的权重，然后再依据这一权重值来确定或分解下一级指标权重。

（4）相关性。确定同一层次指标的权重时，应坚持相关性原则，考虑指标与评价目标的相关性确定各指标权重值，相关性越大则该指标获得的权重值就应越大。

(5) 比较性。要求同一层次指标的权重值具有可比性，且比较结果符合逻辑判断和上述相关性原则。

目前确定权重的方法可以分为三类：主观赋权法，如德尔菲法、层次分析法法、相邻指标比较法等；客观赋权法，有均方差法、主成分分析法、离差最大化法、熵值法等，以及主客观相结合的组合赋权法。

客观赋权法通过大量数据分析确定权重，客观性强且精度较高，但有时会与实际情况相悖，对所得结果也难以给出明确的解释，而且在实际应用中较难获取足够的实际数据，故对于复杂的多指标决策问题，主观赋权法的运用较多。

主观赋权法利用专家或个人的知识或经验，由专家根据实际问题确定各指标权系数之间的排序，可以避免指标权重与其实际重要性程度相悖的情况，但主观随意性强，在一定程度上影响了评价结果的有效性。

6.5.2 确定权重的方法

在教育、经济、管理、环境和医疗等领域的评估与评价研究中，尤其是对目标对象的综合评价中，一般需要设计评价指标体系，并确定各评价指标的权重，要用到确定权重的一些方法，如层次分析法、专家调查法、主成分分析法、多目标规划法等，其中层次分析法（the analytic hierarchy process，AHP）是常用的方法之一。目前，AHP被广泛应用于管理领域，涉及职业经理人声誉评价、职业经理人业绩评价以及职业经理人绩效评价等方面。例如，邱茜（2008）运用层次分析法确定了构建的职业经理人声誉评价体系指标体系中各评价指标的权重[1]。叶虹（2007）运用层次分析法确定了职业经理人指标体系中各评价指标的权重[2]。郭森德（2004）运用层次分析法确定了职业经理人绩效评价指标的权重[3]。

层次分析法是由美国著名运筹学家 T. L. Saaty 在 20 世纪 70 年代中期正式提出的，它是一种定性与定量相结合的、层次化、系统化的分析方法。层次分析法从本质上来讲是一种思维方式，其基本思想是将待解决的问题分层结

---

[1] 邱茜. 职业经理人声誉评价体系研究［D］. 山东大学，2008.
[2] 叶虹. 职业经理人业绩评价研究［D］. 西南财经大学，2007.
[3] 郭森德. 职业经理人绩效评价研究［D］. 西南石油学院，2004.

构化，使一个复杂的问题转化为多层次多要素的结构，从而建立一个综合评价模型。它把复杂的问题分解为若干组成要素，又将这些要素按支配关系分组形成递进层次结构，通过两两比较的方式确定同一层次和同一支配关系下各要素的相对重要性，构造判断矩阵，确定各要素对于其支配层的权重，最终确定最低层各要素的重要性，即确定最低层要素对于最高层的权重[1]。

在职业经理人信用指标体系构建过程中，其评价指标体系中既有定性指标又有定量指标，而且是一个多层次的评价指标体系，对于这种多层次、多指标的评价指标体系来说，层次分析法表现出赋值合理、计算简单明了、评价结果可靠等优点，具有重要的应用价值与意义，因此，本书选用层次分析法确定职业经理人信用指标体系中各评价指标的权重。用层次分析法确定各评价指标的权重，与现有的给各个评价指标直接分配分值的方法相比更科学、合理、便于操作，而且如果评价指标增加或减少，也不会增加大量的工作量。

6.5.3 基于层次分析法的评价体系权重确定

层次分析法基本原理和步骤一般分为：明确问题、建立层次结构、构造判断矩阵、计算重要性排序、一致性检验、底层指标权重的计算和综合评价，具体如下。

（1）明确问题。确定评价范围和评价目的、对象，进行评价因子的识别、筛选，从而确定评价因子的内容。

（2）建立层次结构。根据对评价系统的初步分析，搞清总目标、子目标、指标之间的上下衔接关系，建立递推层次结构。

（3）构造判断矩阵。在进行职业经理人信用评价中，既有定性因素，又有定量因素，还有许多模糊因素。各因素的重要程度不同，关联程度各异，只能根据经验和已有的资料进行判断，而当因素较多时，这种判断很难做到准确。层次分析法首先不把所有因素放在一起进行比较，而是通过对所有可能的组合进行两两比较来确定这些因素在某个方面的优劣顺序，从而提高判断的准确性。按 T. L. Saaty 建议的九级标度法（见表 6.2）进行量化比较，构造判断矩阵。而判断矩阵的构造方法主要由专家讨论确定和专家调查确定。

---

[1] 张宏亮，肖振东. 基于 AHP 的公共环境投资项目效益审计评价指标体系的构建 [J]. 审计研究，2007（1）：30 – 36.

评价的递阶结构和判断矩阵的建立是层次分析法最重要的步骤。

表6.2 九级标度判断尺度

标度值	两个因素相比，一个因素比另一个因素的重要程度	备注
1	同样总要	
3	稍微重要	2，4，6，8为上述相邻判断的中值。若因素i与j比较得a_{ij}，则因素j与因素i相比得$1/a_{ij}$
5	明显重要	
7	强烈重要	
9	绝对重要	

按照以上标准，即可构造判断矩阵如下：

$$A = \begin{bmatrix} a_{11} & a_{12} & \cdots & a_{1n} \\ a_{21} & a_{22} & \cdots & a_{2n} \\ \cdots & \cdots & \cdots & \cdots \\ a_{n1} & a_{n2} & \cdots & a_{nn} \end{bmatrix} \quad (6.1)$$

其中，$a_{ij}(i,j=1,2,\cdots,n)$是第i个元素的重要性与第j个元素的重要性之比，显然，如果决策人对a_{ij}的估计一致，则有$a_{ij}=1/a_{ji}$，而且总有$a_{ii}=1$。

（4）计算重要性排序。根据判断矩阵，求出最大的特征根所定义的特征向量。所求特征向量即为各评价因素先排序，也就是权重分配。

判断矩阵特征项目常用方根法计算，方法如下：

①计算判断矩阵各行元素的积M_i。

$$M_i = \prod_{i=1}^{n} a_{ij}(i,j=1,2,\cdots,n) \quad (6.2)$$

②计算M_i的n次根。

$$\overline{W} = \sqrt[n]{M_i} \quad (6.3)$$

③对向量$w = [w_1, w_2, \cdots, w_n]$正规化得到特征向量$W = [w_1, w_2, \cdots, w_n]^T$，其中有：

$$Wi = \frac{\overline{W_i}}{\sum_{1}^{n} \overline{W_i}} \quad (6.4)$$

④计算判断矩阵的最大特征值 λ_{max}，由矩阵理论可知最大特征根的计算方法为：

$$\lambda_{max} = \sum_{i=1}^{n} \frac{(AW)_i}{nW_i} = \frac{1}{n}\sum_{i=1}^{n} \frac{\sum_{i=1}^{n} a_{ij}W_j}{W_i} \quad (6.5)$$

⑤一致性检验。判断矩阵 A 的一致性是推求指标权重的前提，作一致性检验须确定其一致性指标 CI，评价随机一致性指标 RI（见表6.3），并通过 CI 与 RI 之比求出随机一致性比率。当 CR≤0.1 时，认为判断矩阵具有满意的一致性，否则需对判断矩阵进行调整。

$$CI = \frac{\lambda_{max} - n}{n - 1} \quad (6.6)$$

$$CR = \frac{CI}{RI} \quad (6.7)$$

表6.3　　　　　　　　评价随机一致性指标的修正值

维数	1	2	3	4	5	6	7	8	9
RI	0	0	0.58	0.94	1.12	1.24	1.36	1.41	1.45

⑥底层指标权重的计算。为了能进行综合评估，需要计算各层指标的权重。在求出上述各组权重后，只要用乘法将上一层次某个指标的权重，乘以与该指标相关的下一层指标的权重上，即得到下一指标关于总目标的权重。这样依次相乘，即可获得最底层次各个指标的权重。

⑦综合评价。假设最底层各指标的权重向量为 w，最底层各指标的规范化指标向量为 $v = [v_1, v_2, \cdots, v_i]$，按照式（6.8）计算 C 值，就可以用 C 来评估系统的优劣。

$$C = v^T w = \sum_{i=1}^{n} v_i w_i \quad (6.8)$$

6.5.4　评价方法与模型的建立

在构建职业经理人信用评价模型过程中，由于不同的评价方法的评价角度、适用范围和处理方法的不同，造成所得到的评价结果也有所不同，对实施职业经理人信用评价的参考价值也不同。因此,选择合适的评价方法对该项工作的开展具有重要的意义。由于对职业经理人信用评价的指标在客观上存在着模糊性。在其指标体系中,存在着不同量纲、不同数量级的指标,有些指标甚至难以确定,因此,可以用模糊数学的方法对上述指标进行定量分析,最终得到职业经理人真实的信用度。

模糊方法是20世纪60年代美国科学家佐德(Zadeh)创立的,是针对现实中大量的经济数据现象具有模糊性而设计的一种评判模型的方法,其基本原理及步骤如下:

(1) 确定对象集,因素集和评语集。

首先以被评价主体为对象集。被评价的事物影响因素为 $u_1, u_2, \cdots, u_m$,构成因素集 $U: U = \{u_1, u_2, \cdots, u_m\}$。评价等级优、良、及格、差为评语集 $V = \{v_1, v_2, v_3, v_4\}$。

(2) 确定权数分配 $A = (a_1, a_2, \cdots, a_m)$。

在进行评价时,确定 U 集中各因素的权重是较为困难的一步,但也是非常重要的一步。因为它直接影响着评判择优决策。权重的确定必须慎重,力求科学可靠,应尽量符合或接近实际。通常,对评价目标影响越大的指标,其权重越大;对评价目标影响越小的因素,其权重越小。本书为了减少确定权重的计算量和提高权重的准确性,采用了 Yet Another AHP 层次分析法软件,提供方便的层次模型构造、判断矩阵数据录入、排序权重计算以及计算数据导出等功能。YAAHP 的设计目标是灵活易用的层次分析法软件,用户只需要具备初步的层次分析法知识,不需要理解层次分析法计算方面的各种细节,就可以使用层次分析法进行决策。具体操作步骤及计算结果见后。

(3) 确定各指标的评分隶属度和模糊评价矩阵。

为求模糊矩阵 R,就要根据被评价主体的指标数据,对每一个评价指标 $u_i = (i = 1, 2, \cdots, m)$ 分别确定属于 v_1(优)、v_2(良)、v_3(及格)和 v_4(差)的隶属度。假设有 n 个专家来评价,认为优的有 n_1 个,认为良的有 n_2 个,认为及格的有 n_3 个,认为差的有 n_4 个,且 $n_1 + n_2 + n_3 + n_4 = n$,这时可用 $\frac{n_j}{n}$ 来表示指标 u_i 属于 j 档评语的隶属度。

一般地,假设对于有 m 个指标、p 级评语集时,各项指标的模糊评价矩阵为：

$$R = \begin{bmatrix} r_{11} & r_{12} & \cdots & r_{1p} \\ r_{21} & r_{22} & \cdots & r_{2p} \\ \cdots & \cdots & \cdots & \cdots \\ r_{m1} & r_{m2} & \cdots & r_{mp} \end{bmatrix} \qquad (6.10)$$

其中 r_{ij} 表示从因素 u_i 着眼某事物能被评为 v_j 的隶属程度，也就是 r_{ij} 为因素 u_i 对等级 v_j 的隶属度，因而矩阵 R 的第 i 行 $Ri = (r_{i1}, r_{i2}, \cdots, r_{im})$ 为第 i 个因素 u_i 的单因素评价，它是 V 上的模糊子集。

（4）计算每个对象的综合评价结果。

一旦评价矩阵 R 确定后，就可以通过运算式求出综合评价矩阵 B，设第 i 个指标权系数为 w_i，且 $\sum_{1}^{m} w_i = 1$，$w_i \geq 0$，则权向量 $w = (w_1, w_2, \cdots, w_m)^T$，综合模糊评判矩阵 B 的计算公式如下所示。其中" * "表示根据实际情况选取的某种模糊成绩运算符。

$$B = w^T * R = (w_1, w_2, \cdots, w_m) * \begin{bmatrix} r_{11} & r_{12} & \cdots & r_{1p} \\ r_{21} & r_{22} & \cdots & r_{2p} \\ \cdots & \cdots & \cdots & \cdots \\ r_{m1} & r_{m2} & \cdots & r_{mp} \end{bmatrix} = (b_1, b_2 \cdots b_p)$$

(6.11)

（5）向量 B 的归一化处理。

当 $\sum_{1}^{p} b_i \neq 1$ 时，可作归一化处理，即令 $\hat{b}_j = \dfrac{b_j}{\sum_{1}^{p} b_i}$，$j = 1, 2, \cdots, p$，则得到 $\hat{B} = (\hat{b}_1, \hat{b}_2, \cdots, \hat{b}_p)$。

（6）模糊综合评价的结果。

对综合评价结果向量 $\hat{B}$，一般可用最大隶属度原则确定最终评价结果，即 $\hat{b}_k = \max\limits_{i=1}^{p} (b_1, b_2, \cdots, b_p)$ 为最终评价等级和结果。

6.5.5 完整的职业经理人信用评价体系

在模糊综合评价法和层次分析法理论的基础上,根据建立的信用评价指标体系,本书建立了职业经理人信息模糊综合评价模型,经过分析计算,最终可以得到职业经理人信用评价量值。其计算步骤如下:

步骤一:依据所建立的职业经理人信用评价指标体系,使用层次分析法,构造判断矩阵,并获得各层次指标的权重(见表6.4~表6.7)。

表6.4　　　　　　　　　一层指标权重计算

	个人信用	职业信用	职务信用	权重
个人信用	1	1	2	0.4
职业信用	1	1	2	0.4
职务信用	1/2	1/2	1	0.2

注:$\lambda_{max}=3$,$CR=0<0.1$,一致性检验通过。

表6.5　　　　　　　　二层个人信用指标权重计算

个人信用	信贷记录	纳税记录	司法记录	驾驶记录	考试记录	权重
信贷记录	1	2	1/3	9	1/3	0.1620
纳税记录	1/2	1	1/3	7	1/3	0.1153
司法记录	3	3	1	9	3	0.4289
驾驶记录	1/9	1/7	1/9	1	1/7	0.0274
考试记录	3	1/9	3	1/3	1	0.2664

注:$\lambda_{max}=5.3797$,$CR=0.0847<0.1$,一致性检验通过。

表6.6　　　　　　　　二层个人信用指标权重计算

职业信用	从业企业数	从业行业数	兼职行为	职业不道德行为	权重
从业企业数	1	3	1/5	1/7	0.0849
从业行业数	1/3	1	1/7	1/9	0.0425
兼职行为	5	7	1	1/3	0.2895
职业不道德行为	7	9	3	1	0.5831

注:$\lambda_{max}=4.1646$,$CR=0.0616<0.1$,一致性检验通过。

表6.7　　　　　　　　　二层个人信用指标权重计算

职务信用	企业产品质量	企业环保责任	企业缴税	企业司法记录	权重
企业产品质量	1	3	1/3	1/5	0.1306
企业环保责任	1/3	1	1/5	1/5	0.0656
企业缴税	3	5	1	1	0.3702
企业司法记录	5	5	1	1	0.4336

注：$\lambda_{max}=4.1155$，$CR=0.0432<0.1$，一致性检验通过。

步骤二：请专家评审团对收集到的某个经理人的指标值进行分析和判断，并列出评定表。为了避免主观随意性，可以实现指定可供专家参考的评价指标。

由于本书选择的职业经理人信用评价指标不是靠个人力量能获得的，因此这里仅列出评价表的样式（见表6.8），表中数值为评价某个指标为相应等级的专家的人数。这样每个指标对应的各评价登记中数值之和应为专家人数总和。

表6.8　　　　　　　　　职业经理人信用指标专家评定

指标	优	良	及格	风险
指标1	1	3	1/3	1/5
指标2	1/3	1	1/5	1/5
指标3	3	5	1	1
指标4	5	5	1	1

步骤三：根据专家对该经理人的评定表和前面介绍的模糊评价计算方法，建立第二层3个方面指标的模糊评价矩阵 R_1、R_2 和 R_3。

步骤四：模糊综合评价。

一级评价：根据式（6.12）计算3个方面的权重向量 B_1、B_2 和 B_3。

$$B_t = w^T \cdot R_t \tag{6.12}$$

二级评价：由评价结果按照式（6.13）的排列可得二级评价矩阵 R，于是 $B_t = w^T \cdot R_t$ 为该经理人隶属于各级评价等级的隶属度。

$$R = [B_1 B_2 B_3] \tag{6.13}$$

步骤五：确定该经理人的信用评价结果和信用等级。

根据最大隶属度原则，确定职业经理人的评价等级和评价值。

6.6 本章评述

职业经理人市场健全与否的一个重要的标志是其配置功能能否发挥作用，职业经理人信用体系的建立有利于职业经理人更好地被识别和约束，从而使我国职业经理人的规范管理尽早与国际接轨。本章构建的职业经理人信用评价体系包括个人信用、职业信用和职务信用，可以运用真实、动态地收录以上职业经理人的相关信息，为企业所有者解决信息不对称所带来的招聘、管理职业经理人过程中的风险，也可以进一步规范化职业经理人的管理。

中国职业经理人信用评价
体系构建及管理研究
Chapter 7

第7章 重庆职业经理人信用评价体系应用研究

第7章 重庆职业经理人信用评价体系应用研究

7.1 重庆职业经理人信用评价背景分析

7.1.1 重庆职业经理人市场环境分析

目前重庆地区的经济供求格局从长期短缺经济转变为供过于求的相对过剩的经济，使得企业面临的市场竞争更加激烈。经营管理企业越来越复杂，专业化程度越来越高，对企业经营管理者的要求也越来越高。需要一大批经过系统的经营管理专业知识培训，有着丰富的经营管理企业经验，很强的整合企业资源能力的职业经理人，取得企业的经营管理权、控制权。市场竞争的客观要求成为推动我国职业经理人产生和迅速发展的巨大动力。

经过多年的市场化取向改革，重庆地区已初步建立了社会主义市场经济体制，但与东部沿海等经济较发达地区相比，重庆地区的市场经济运行模式还不够成熟。从市场体系来说，重庆地区商品市场相对发达，而要素市场建设滞后，特别是要素市场中的人力资源市场。人力资源是生产要素中最重要的因素，职业经理人市场作为人力资源的高端市场，其市场化程度是衡量整个经济市场化程度的重要标志，重庆地区要完善市场经济运行模式，就必须大力推进人力资源市场化改革，加快健全人力资源市场。目前，重庆地区的社会主义市场经济体制已初步建立，市场已开始发挥资源配置基础性作用，这为职业经理人市场建设创造了制度前提和基础。但是，由于市场经济体制不够成熟，人力资源市场化改革进展缓慢，相对于现代企业制度要求，其产权制度，特别是企业法人治理结构还很不规范。相当多的企业，还没有成为合格的职业经理人市场需求主体，还缺乏引进、使用职业经理人的体制和环境。

新时期，随着国家"一带一路"倡议深入推进，处在"一带一路"和长江经济带"Y"字形大通道连接点上的重庆，迎来了千载难逢的大发展机遇，面向内陆开放，寻求全球合作的商机。重庆正积极融入国家"一带一路"和长江经济带战略，构建大通道、大通关，企业发展面临重大机遇，同时也面临巨大的挑战。随着外资企业大举进入，重庆地区企业面临的市场竞争更加激烈。企业要在激烈的市场竞争中求生存谋发展，要求企业切实提高经营管理水平，要求企业经营者的综合素养有更大的提高，实现企业经营管理的专业化和职业化，只有这样才有可能与国外企业抗衡。

7.1.2 重庆职业经理人协会分析

重庆职业经理人协会（Chong Qing Association for Professional Managers，CQAPM）于 2014 年 5 月 25 日正式挂牌成立，是重庆首个兼具行业管理和社会服务双重职能的行业协会，是重庆职业经理人事业志愿者的联合体。重庆职业经理人协会（以下简称重庆职办）是经重庆政府主管部门核准的，在全国统一的社会化职业经理人资质评价制度体系内，承担组织重庆市职业经理人社会化评价和资质认证职能，并承担中国职业经理人协会授权的对重庆地区职业经理人的行业管理职能的直辖市级的地方性联合性组织，是促进重庆职业经理人素质提升和推动职业经理人才流动及就业的社会团体法人，是为重庆职业经理人队伍建设事业服务的非营利性组织。重庆职业经理人协会的业务指导单位为中国职业经理人协会，业务主管单位为重庆市人力资源和社会保障局，接受社团登记管理机关重庆市民政局的监督管理，并在重庆市政府相关部门的业务指导下开展工作。协会会员由个人会员和单位会员组成。主要包括出资人、企业家、职业经理人，相关领域的专家、学者和专业人员，以及企、事业单位，从事相关领域教学、科研、培训的高校、科研机构、社会组织及评价、评估和推介的中介服务机构等成员构成。

重庆职业经理人协会的主要业务包括资质认证、协调管理和交流推介等。协会遵照重庆市政府主管部门的行政许可，并结合中国职业经理人协会的授权，组织开展重庆市职业经理人的社会化评价（考核测评）和资质认证工作，颁发由中国职业经理人协会监制的全国统一的职业经理人资质证书，承担证书的注册、发放和年检工作。在全国社会化职业经理人资质评价标准体系分工框架内，制订和修订重庆市职业经理人社会化资质评价的地方标准，推动全国和重庆市职业经理人资质评价标准的宣传和贯彻。重庆职业经理人协会是在中国职业经理人协会授权的全国性行业协会的部分管理职能范围内，协调重庆市的企业及出资人、职业经理人与培训、评价、评估、推介交流等中介服务机构的关系，规范和管理中介服务机构开展的重庆职业经理人相关的培训、评价、评估和交流等活动，构筑重庆职业经理人健康和良性发展的专业平台，打造以"适用型"为特质的重庆职业经理人队伍。另外，重庆职业经理人协会积极引导各类企业经营管理人才交流和推介机构发挥作用，搭建重庆职业经理人的交流推介平台，充分利用企业经营管理人才市场资源，加快推进重庆职业经理人市场化配置机制，完善重庆职业经理人市场服务体系。

目前，有关重庆职业经理人的研究发展活动主要由重庆职业经理人协会主导。重庆职业经理人协会认同中国职业经理人协会"为职业经理人服务、为企业服务、为会员服务"三大宗旨，秉承其"推动建立中国职业经理人制度、推进建设中国特色职业经理人队伍、推行建造职业经理人择人求职公共服务市场体系"三大使命。重庆职协的主要目标和任务是不断完善以市场和出资人认可的重庆职业经理人评价体系，促进重庆职业经理人的市场配置，提高重庆职业经理人队伍的职业化、市场化、专业化和国际化水平。重庆职业经理人协会发扬"严谨、高效、诚信、奉献"的工作作风，主要承接重庆市政府转移职业经理人基本公共服务、企业和社团组织委托的相关服务活动，努力为重庆市场提供职业经理人，服务重庆经济社会发展。根据《国家中长期人才发展规划纲要（2010~2020年）》、党的十八届三中全会《中共中央关于全面深化改革若干重大问题的决定》和《中国国民经济和社会发展第十三个五年规划纲要》的有关精神，重庆职业经理人协会开展的"推动建立重庆职业经理人制度，推进建设重庆特色职业经理人队伍、推行建造择人求职公共服务市场作体系"工作，是一项执政党需要、国家需要、重庆需要、企业（包括出资人）需要、职业经理人需要的重要的人才建设工程，是一项畅通管理人才流、促进经济大发展的全社会受益的公益性事业，需要社会各界的关注和支持，重庆职协期待与各界有识之士激荡智慧，共创重庆商界的"中国梦"。

7.1.3 重庆职业经理人市场需求分析

（1）国有企业职业经理人需求分析。

国有企业由于国有资产的特殊性，其所有权为全民所有，国有企业经营者都不是国有资产所有者，而是凭借其经营才能取得企业的经营控制权的。从这个角度来分析，国有企业经营者都有可能成为职业经理人范畴，包括董事会和经理层。目前，重庆市国有企业经营者市场发展与全国一样已开始启动，但市场化程度还不高。少数公司化改革比较彻底的国有企业，其所有权和经营权已经有比较好的分离,并建立起比较完善的法人治理结构,企业经营者市场化程度相对比较高,已成为合格的职业经理人市场需求主体。大多数国有企业,公司化改革不彻底,仅仅是翻了一个牌子,"穿新鞋走老路",政企分离不到位,没有建立以权力制衡为特征的公司法人治理结构,没有成为职业经理人市场的合格需求主体。企业经营者带有非常明显的亦官亦商的两栖色彩。在企业经营者的遴选、流动、考评和定价方面,往往按照政府标准,市场化程度比较低。

重庆市国有企业规模大、数量多、分布广、经营管理比较复杂。从目前的情况,绝大多数国有企业的现有领导者的职业道德、经营管理能力和综合素养,与职业经理人的要求还有较大的差距。要提高企业竞争力,一方面需要对现有企业领导者进行改造,使其具备职业经理人条件;另一方面,必须整合集成企业外部管理资源,特别需要凝聚一大批是具有良好职业道德、较强职业能力的高素质职业经理人。因此,随着国有企业改革的进一步深入,必然会在产权制度、法人治理结构等方面取得突破,逐步建立健全现代企业制度,从而克服国有企业职业经理人市场需求的体制障碍,使国有企业真正成为职业经理人市场的重要需求主体。

(2)民营企业职业经理人需求分析。

改革开放以来,重庆市出现了一批知名的民营企业,也造就了一批知名民营企业家,但随着企业规模的壮大,民营企业主本身素质和集权式管理的局限性日益凸现,究其主客观双重因素的考虑,民营企业必然迫切需要职业经理人的加盟。但是,由于中国私营资本在产权主体上带有强烈的血缘、亲缘、地缘性,企业在发展中不能不在相当大的程度上受宗法规则支配,而不是严格地受市场规则约束;中国"家族文化"认为"打虎亲兄弟,战场父子兵",往往不相信外人,尤其是在整个社会转型过程中,与市场经济相适应的以"信用"为核心的道德秩序尚未形成,人们之间会发生不讲"信用"的状态。这种状态反映到企业委托—代理制度上,容易激发人的贪婪和不负责任的"放纵",为民企引进职业经理人埋下了深刻的道德危机;我国职业经理人市场不成熟和职业经理人的短缺等因素抑制了职业经理人进入。重庆市民营企业迅速发展的趋势,将会成为重庆市职业经理人市场的又一重要需求主体。新时期,企业面临的竞争将更加激烈和复杂,民营企业要适应这一环境,需要有职业经理人打理企业,以抓住市场机会,规避市场风险。

（3）股份制企业职业经理人需求分析。

重庆市的股份制企业，是随着我国社会主义市场经济的发展兴起的一种重要的企业组织形式。其来源主要有三个方面：一部分是传统国有企业、集体企业经过改革演变而成的；一部分是民营企业发展壮大改制形成的；一部分则是外资的进入而形成的。前两种股份制企业特别是国有企业，产权改革不到位，尚未建立"三权"分离的现代企业制度，因而治理结构还不规范。随着我国企业改革的不断推进，不规范的公司会逐渐建立现代企业制度，成为合格的职业经理人市场需求主体。同时，在经济全球化的推动下，重庆市对外开放将进入新的发展阶段。外资不断增加，对我国企业改革将起到巨大的推动作用，我国合格的职业经理人市场需求主体会越来越多，对职业经理人的需求量也将越来越大。

7.2 重庆职业经理人信用评价活动

7.2.1 活动简介

重庆是中国职业经理人协会选定的"职业经理人三建设"的试点地区，为积极支持和参与中国职业经理人协会关于"职业经理人诚信管理系统"的国家级课题研究，在每年承办"中国职业经理人发展论坛·重庆论坛"筹备期间，开展"重庆十大杰出经理人评选活动"。

2015年5月1日至12月10日，在中国职业经理人协会的指导下，由重庆商报牵头，各主办、承办单位共同参与，开展首届重庆"杰出经理人公益评选活动"，2015年12月10日，在2015重庆国际人才创新创业洽谈会暨中国职业经理人发展论坛期间举行颁奖盛典。"诚信"是社会主义核心价值的重要组织部分，也是衡量职业经理人职业素养的重要标准。本次重庆地区企业经理人评先选优活动提出"企业诚信、职业立信"的外宣理念，第一次明确植入信用元素，将企业经理人的信用问题作为门槛性评选指标，通过试点和不断完善中国职业经理人协会的资质评价体系。评选活动还将结合参选个人及所在企业的诚信情况进行综合考评，遴选100名左右候选人纳入中国职业经理人职业信用档案库管理。发展论坛和评选活动拟每年举办一次，以此推动重庆企业经理人诚信管理系统建设，探索重庆企业经理人诚信机制的创立，促进重庆企业经理人队伍的健康成长。

通过本次以评先选优活动为契机开展的企业（职业）经理人信用评价，旨在实现以下初衷：一是推动企业（职业）经理人市场的完善，得到政府的支持；二是评选杰出企业（职业）经理人显然对其自身的职业发展是有利，提高企业（职业）经理人对该项活动参与的积极性，提升其信用意识；三是通过宣传企业提升企业的知名度，进而有效提高企业对企业（职业）经理人信用的重视程度。

7.2.2 信用评价植入方式

2015 年，在承办"中国职业经理人发展论坛·重庆论坛"筹备期间，决定开展"重庆十大杰出（职业）经理人评选活动"，为积极支持和参与中国职业经理人协会关于"职业经理人诚信管理系统"的国家级课题研究，首次植入了信用元素，将企业经理人的信用问题作为门槛性评选指标，突破了以往评选活动仅关注工作绩效的局限，我们建议推广至其他地区，在地方职业经理人协会组织的评选活动中，关注企业（职业）经理人信用问题，借助专业力量和媒体优势，营造诚信氛围、对职业经理人日常行为形成约束。

根据本次重庆企业（职业）经理人活动开展，提出企业（职业）经理人评选活动开展流程为：报名—初审—复审—优秀企业（职业）经理人公布。并明确其综合评价的内容、维度和权重，以重庆本次活动为例，其在报名时明确告知拟"采取案例评估、公众投票、技术测评（笔试）、实地考察（面试）、专家评审等五种方式进行综合评价，其中各方式所占权重为案例评估占 20％、公众投票占 10％、技术测评占 20％、实地考察占 20％、专家评审占 30％，五者综合得分为候选人最终得分。"

重庆活动评价主要内容：评委会将依据候选人的职业资历、职业素养、职业能力、职业知识及技能等要素进行综合评价，主要包括以下内容：一是职业资历，包括经历和业绩两个方面。经历包括工作经历和学习（含实习）经历；业绩包括工作业绩和其他业绩。二是职业素养，包括职业思想、职业道德和职业作风，具体指合规经营、协作共赢、直面挑战、行业/国内/国际视野等。三是职业道德，是评选的重要因素，包括恪守诚信、公正履职、社会责任、竞业避止等。四是职业能力，包括综合性的企业管理能力，具体指团队领导能力、经营决策能力、风险管控能力、变革创新能力、沟通协调能力、目标执行能力和本企业所属行业所需的专业能力和技能。五是职业知识，包括领导知识、业务知识，具体指战略管理、市场营销、生产管理、财务金融、人力资源管理、技术管理等方面的知识及所属行业所需的专业知识。

在报名时，由企业（职业）经理人提供个人信息、教育经历以及相关信用记录等，初审由职业经理人协会组织根据企业（职业）经理人提供的信息进行测评，并到就职公司访谈，确定候选人。复审则可以通过网上评选、专家测评等方式开展。最后，确定优秀企业（职业）经理人并公布。

如前所述，重庆先行试点评选"十佳职业经理人"首次植入"信用评价"要素，即，信用不合格就要一票否决，这一做法引起了参评企业（职业）经理人、企业以及全社会的广泛关注，意义重大。一是增加了企业（职业）经理人评价的维度—信用维度，并将其作为门槛性指标，得到了企业和社会的肯定，反映出了企业（职业）经理人的服务对象—企业在选择企业（职业）经理人时长期面临的难点和困惑所在；二是首次信用植入使企业（职业）经理人开始关注、重视自身的信用状况，意识到"记录""过往"的重要性，提升了企业（职业）经理人对其职业行为的责任感，为今后企业（职业）经理人数据库的建立与完善起到了较好的铺垫作用。三是首次信用植入给出了较为详细的信用评价量化指标，让企业（职业）经理人明确了信用评价的维度，为今后自身信用水平提升给出了指导和路径。

此外，通过深层次参与首次信用植入全程也发现了一些有待改进和细化的问题。一是信用植入评选活动的流程规范性问题，针对不同地区、不同行业的类似评选活动在彰显特色的同时须注重信用植入流程的规范性，尤其注意取得相关法律法规的支持；二是信用植入的效果与参评对象自愿自主之间的矛盾问题，信用植入的效果取决于参评的参与意愿和参与程度，评选活动的主办方不得强制、更不能强迫参评对象，因此信用植入的流程应注重如何能吸引参评对象、如何能鼓励参评对象积极、主动地提供信用评价所需的非公开信息、资料以及诸如信用案例等的信用佐证材料。

7.2.3 重庆职业经理人信用评价结果

本次重庆地区企业经理人评先选优活动共收到有效报名表1483份，主要来自重庆各类行业、各类企业的高管队伍。现对参评的企业经理人情况分析如下。

（1）身份构成。

①性别比例：本报告调查的企业经理人共有1483位，其中男性1171位，女性312位，男女比例大约为4∶1（见图7.1）。由于受中国传统文化影响，女性经理人相对较少。不过，这一现象正在逐年改善，随着中国教育事业发展，越来越多的女性经理人在职场中出现。

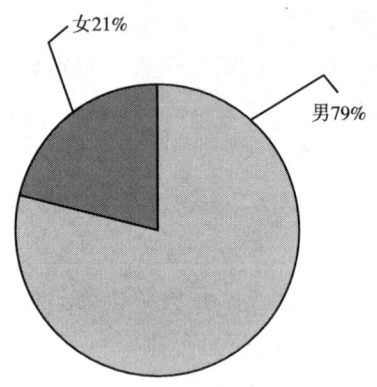

图7.1　重庆企业经理人信用评价受评对象性别构成

②学历水平。

本报告所研究的企业经理人，具有专科学历的有370人，本科学历的有500人，硕士学历的有140人。具有本科及以上学历的经理人共有640人，占比63.37%。经理人整体素质中等偏上，但仍有较大的进步空间。由于经理人做战略决策需要较高的概念技能，提升经理人文化素质至关重要。

③行业分布。

本报告调查的企业经理人从事的行业较多，分布较为分散，主要有餐饮、金融服务、文化传播等。职业经理人所在企业主要为私营企业。

（2）受评对象相关资料提交情况。

受评对象共1483人，其中提交征信报告和纳税记录的543人，占比36.63%，未提交征信报告和纳税记录的940人，占比63.37%。

综上所述，1483名受评对象中企业经理人信用等级最终为"优秀"的共235人，占比15.84%，均为提交个人信用报告和纳税报告的经理人；信用等级为"良好"的共1204人，占比81.19%，其中提交个人信用报告和纳税报告的有543人，未提交个人信用报告和纳税记录的有940人；另有44人信用等级为"合格",占2.97%;无人为"风险"等级。这一评价结果基本合理,无人为"风险"等级,说明重庆地区企业经理人队伍的信用水平总体较理想,均达到合格信用门槛,且基本在良好及以上(见图7.2)。

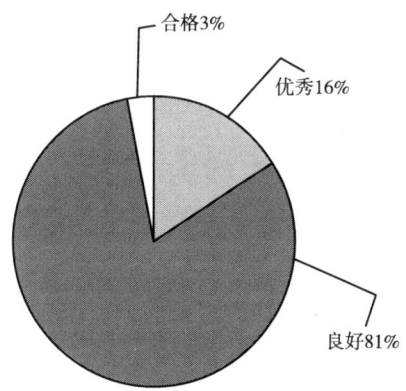

图7.2 重庆企业经理人信用评价受评对象结果对比

活动最终评选出了重庆首届十大杰出经理人:重庆阿润食品有限公司厂长孙坤鹏,重庆维希文化传播有限公司董事长徐鹏,重庆成长工场有限公司董事、总经理周世杰,重庆鼎瑞房地产来发有限公司董事长兼总经理王福林,重庆唐韵琴瑟酒类销售有限公司总经理刘俐伶,重庆爱家乡控股有限公司副总裁彭小亮,重庆交运汽车租赁公司执行董事彭刚,太极集团重庆中药二厂党支部书记胡黎明,重庆中冶泊达股权投资基金管理有限公司副总裁赵亮,两江云顶大酒店总经理成善红。通过本次以评先选优活动为契机开展的信用评价使参评的企业经理人加强了对信用的认识,圆满实现了本次活动的初衷:一方面有利于推动职业经理人市场的完善,容易得到政府的支持;另一方面评选出的企业经理人对其自身的职业发展是有利的,企业经理人乐于参加该项活动。进一步地,本次活动能够宣传企业,提升企业的知名度,并有效提高企业的参与度。

7.3 重庆职业经理人信用评价的问题及分析

(1)重庆企业经理人队伍"信商"不足

第一,受评对象对"个人信用""个人征信"的知之甚少,因此一开始出现了"无知者无畏"的情形。受评对象对当前主流的个人征信渠道和产品——中国人民银行的个人信用报告和税务机构出具的个人纳税记录所包含的信息内容的广度和深度并不知情，以为只是走过场式的"例行公事"，因而在报名时签署委托授权书时积极配合、完全无异议。其中仅有一位参选的职业经理人在授权委托书上附上了关于该授权委托书的时效期限的说明，可以看出其对自身信用的重视及其对征信调查的谨慎态度。

第二，受评对象对"信用"缺少理智的认识，认为个人信息的公开是有百害而无一利的。占63.37%的受评职业经理人在了解了基本的"征信"含义后尤其是看到了自己的个人信用报告和纳税记录后出现了较为普遍的拒绝提交的情况；占36.63%的同意提交的职业经理人中仍有少数选择仅部分提交而并非全面提交，即要么仅提交纳税记录，要么仅将个人信用报告中的无失信记录的公共记录部分采用截图方式提交。究其原因有两种可能，一是自身记录虽无问题，但考虑到个人信用报告和纳税记录（尤其是前者）所包含信息的私密性，在个人隐私保护和参加评先选优活动之间的利弊权衡之后选择拒绝提交；二是自身记录反映出受评人的信用存在较大的问题，这恰恰是受评职业经理人自己也始料未及的，因而出尔反尔、拒绝提交。显然，笔者无法辨认哪种可能性更大，因此无法确认职业经理人拒绝提交个人信用报告和纳税记录的真实原因。

（2）评价结果的分布基本合理，但差异度不够，很难作进一步甄别。

根据前述评价指标对职业经理人信用进行打分、加总后，评定其信用等级，设为"优秀""良好""合格""风险"四档，具体见表7.1。

表7.1　　重庆企业经理人信用评价评分及等级说明

得分情况	信用等级	说明
100~90分	优秀	优秀的职业操守和发展潜力，对企业有重大贡献
89~75分	良好	良好的职业操守，企业稳定发展
74~60分	合格	有违反职业操守记录，情节较轻，后续发展良好
59~0分	风险	有多次严重违反职业操守记录

如前所述，重庆地区企业经理人队伍均达到信用门槛。其中"合格"等级的比例（仅2.27%）也极低，其余均为"良好"和"优秀"，说明整体信用水平较高。提交个人信用报告和纳税记录的征信资料齐全组的评价结果较

之未提交个人信用报告和纳税报告的征信资料不齐全组更令人满意,也更为客观、合理。

具体表现在:首先,等级为"优秀"的职业经理人均在征信资料齐全组,达234人,而征信资料不齐全组无一人达"优秀";其次,征信资料齐全组共543人受评,其中"优秀"(234人)占比43.24%,"良好"在此组中占比56.76%,而征信资料不齐全组(共940人)的信用评价结果为780人为"良好"、3人为"合格",显然未能将受评对象予以甄别筛选。特别是笔者在对1483名职业经理人进行信用评估的过程中发现,个人信用评估部分,原本个人信用因中国人民银行的个人信用报告中对信贷情况、公共记录等有很精准的描述和记录,使其能够对最后分值产生较大影响、使分数呈现合理差异。因此,在对未提交个人信用报告和纳税记录的征信资料不齐全组进行个人信用评估时,对信贷记录、纳税情况等指标的赋值因未提交征信资料导致无法查证而采用相同的较低分赋值,使受评对象的个人信用部分的得分基本无差异。由于个人信用在整个信用评估中占40%的权重,这也是未提交个人信用报告和纳税记录的征信资料不齐全组的职业经理人信用评价最终结果较近似、拉不开差距、难以作进一步甄别的主要原因。这也从另一个层面证明了信用评价中的基本道理:信息越充分,评价越精确、合理,越能反映客观现实。

(3)凸显企业经理人"职业"身份和特色的职业信用和职务信用在评估过程中遭遇无不良记录该如何赋值的难题。

毋庸置疑,除个人信用外,最能凸显企业经理人、职业经理人特殊身份、具有职业经理人特色的信用评价集中体现在职业信用和职务信用的评价两大维度,但是在评估过程中均遭遇了在现有信息披露和有限的征信方式下发现受评对象无不良记录时,该如何科学、合理的赋值以体现信用评价的公正性、客观性和全面性?

在本次评估过程中,针对职业信用的评估,除从业企业数、从业行业数两项指标可通过受评对象提供的工作履历来测评外,其他如兼职行为、泄露商业机密、安插亲信、以权谋私等职业不道德行为等可获得性较小、查证难度大;针对职务信用的评估,包括企业产品质量、企业社会责任、企业缴税情况和企业的司法记录等,在受评对象不主动提供所供职企业相关资料的情况下,只能通过查询、查证该企业是否出现在相关监管机构或权威机构公开披露的"红名单"或"黑名单"来验证，使评估结果只呈现"有"或"无"两个极端状态，无法量化，尤其对未出现在"红名单"和"黑名单"的大部分企业难以公允地衡量其信用资质的高低。而在评估过程中，对职业信用和职务信用的各细化指标不同程度采用了无负面记录则采用了包括赋满分、赋值较高、赋中位值等若干方式，客观性、准确性和科学性均有待考究。

笔者通过参与本次重庆企业经理人信用评价全过程，在对评价结果进行深入分析的基础上，为未来的企业经理人信用评价的广泛和可持续开展提出以下讨论意见。

（1）如何提高企业经理人对企业经理人信用评价的参与意愿？

将信用元素植入评先选优的门槛因素是本次评选活动的一大亮点，让一贯注重职业资格、职业能力的职业经理人开始重视自身的职业信用问题。但是目前职业经理人队伍认可职业信用的重要性，并不等于其能对职业经理人信用评价持真正认同的态度，更不要说能积极配合，甚至主动披露相关信息和记录了，而这恰恰是职业经理人信用评价能否顺利开展、评价结果是否有意义的前提所在。尤其在我国信用体系建设全面启动的初期阶段，只有提高了职业经理人对第三方信用评价的认同和配合、调动其参与的主动性，才能谈得上整个职业经理人队伍的信用水平提升以及职业经理人信用评价体系建设等问题。首先，作为职业经理人的社团组织，能否可以作为第三方平台？职业经理人社团本身就是其职业经理人的集合体，代表了职业经理人的利益诉求，比较容易在这个层次动员开展参与工作；其次，要加快研究建立起以信用档案为特色的管理机制，通过日常对职业经理人信用信息尤其是职业信用信息的积累，创造并完善对职业经理人信用水平施行评价的条件，并以信用评价结果的推广应用的形式有针对性地参与到各类社会活动中去。

（2）如何提高企业经理人的"信商"水平？

重庆地区企业经理人的评先选优活动，第一次植入了信用评价的元素是对"守信得益、失信受损"的一次宣传，也是对重庆地区企业经理人提升信用认知的一次实践。应该加大力度，提倡开展此类社会活动。从整个过程的本身看，我们提出要注重不断提高企业经理人的"信商"水平，特别是要努力使"信商"内化为职业经理人的一项基本素质，这对职业经理人未来的职业发展具有深远意义，要让职业经理人自觉养成不仅对信用评价不排斥，而且主动地维护自身的职业信用是企业经理人"信商"水平的良好表现。建议加强研究开发相关的、有针对性的培训课程和教材。

（3）对职业信用和职务信用的评价是否可以从正面清单开始做起？

职业信用是企业经理人个人在特定的期间内遵循就职单位或所从事行业的规章制度的行为；职务信用是企业经理人个人在所供职企业任职期间，企业在社会上遵守规章和法律的情况。很显然，职业信用和职务信用是职业经理人和所就职企业之间的行为记录，需要职业经理人自身和其供职的企业予以提供，如果职业经理人社团可以作为第三方机构加以收集整理的话，也会面临企业经理人本人和所供职企业对于负面的、不良的记录，缺少提供动力的难题。重庆地区的实践提供了一个有益的启示，那就是职业经理人的信用评价可以从正面清单做起。要注重研究相关的技术手段，如互联网、大数据来佐证信息的真实性，还要研究同社会的共享机制，尽快让社会的部门、机构等应用单位也来关注和运用职业经理人这个特殊群体的职业和职务信用水平评价。

（4）如何将传统个人信用评价与特殊人群的专用性信用评价有效结合？

如前所述，企业经理人是典型的自然人和职业人（社会人）两重属性相结合的特殊人群，不仅是企业的精英，更是社会的精英。以中国人民银行征信中心为代表的主流的、针对全民的个人征信经过十余年的建设已较为成熟和完善，有较高的权威性和社会认可度。但对企业经理人信用评价目前还是一个空白。显然，对自然人的信用评价的体系不足以满足对企业经理人信用水平的评价，但作为体系的构建过程，是可以相互借鉴的。在构建诚信社会的总目标下，如何将传统自然人信用评价与特殊人群的专用性信用评价结合起来，这是社会经济发展对社会诚信发展提出的新要求。因此，建议加快研究职业经理人信用评价结果的推广应用，实现社会方方面面共享信用评价的结果，同时还要提出与传统个人信用评价对接机制的可能性和可行性。

7.4 本章评述

本章主要阐述职业经理人信用评价体系在重庆地区的应用。首先，分析了重庆职业经理人的发展背景，主要介绍了重庆职业经理人协会的发展及其任务，从经济、法律、文化、信用视角分析了重庆职业经理人的市场环境，以及重庆企业对职业经理人的需求。其次，将本书构建的职业经理人评价体系应用于重庆职业经理人信用评价活动，并获得了相关评价结果。最后，对评价结果进行分析，提出评价活动过程中存在的问题，并作简要分析。

中国职业经理人信用评价
体系构建及管理研究
Chapter 8

第8章 基于广义灰色加权面积关联度模型的职业经理人信用评价

第8章 基于广义灰色加权面积关联度模型的职业经理人信用评价

灰色关联度模型是灰色理论的重要组成部分之一，是用来研究不同因素之间关联性强弱的一种数学方法，是灰色系统分析、预测、建模、决策的基础。灰色关联度模型通过对系统动态过程进行量化分析以考察系统诸因素之间的相关程度，其基本思想是根据事物或因素序列曲线的接近程度或曲线变化趋势的相似程度来判断其关联性的紧密程度。灰色关联是系统因子之间、因子对系统主行为之间的不确定性关联，主要基于系统因素集合和灰色关联算子集合构成的因子空间来进行研究的。灰色关联度模型具有所需样本量小、建模过程简单、计算量小等优点，已被广泛应用于方案评估、系统评价、流程优化、故障诊断等诸多领域，成功解决了国计民生中的大量现实问题，是灰色理论研究领域成果最丰硕、应用最广泛的一个重要分支。本章从职业经理人信用评价的实际问题出发，针对职业经理人评价指标体系的三层结构及不同的指标权重，构建了两次加权的广义灰色面积关联度模型，并对该模型的基本概念、计算过程等内容进行了系统研究，最后将该模型应用于职业经理人信用的实际评价。研究结果对研究职业经理人信用评价提供了一种重要的研究手段。

8.1 广义灰色加权面积关联度评价模型

8.1.1 灰色系统理论方法介绍

灰色系统理论源于1982年，其着重应用于部分信息已知、部分信息未知系统的研究。灰色系统理论的重点和关键就是灰色关联分析，灰色关联分析模型研究的是系统序列间关联关系的一种量化模型，因此，灰色关联分析是复杂系统建模的重要技术手段。自灰色关联分析理论提出的30多年间，已广泛该分析方法已成功应用于经济、社会等众多领域。

灰色关联公理是灰色关联理论的理论基础，而灰色关联分析模型是灰色关联理论的重要组成部分，因此，灰色关联分析模型必须满足灰色关联公理，灰色关联分析模型是灰色关联分析的基础和工具。自邓聚龙于1987年首次提出第一个灰色关联分析模型——邓氏关联度后，众多学者对灰色关联分析模型进行了深入的研究，为了解决很多实际问题，众多学者构建了许多灰色关联分析模型,通过对已有模型的研究,发现其存在的不足之处或缺陷,又对这些模型进行了改进和完善,现有的部分灰色关联分析模型如下:灰色面积关联度、灰色相对关联度、B 型关联度、C 型关联度、相似性关联度、T 型关联度、欧几里得关联度等,这些灰色关联分析模型的构建思想各不相同,有的是根据相似性构建,有的根据相近性构建。

8.1.2 广义灰色加权面积关联度评价模型

定义 8.1:设某待评价对象 $X_u(u=1,2,\cdots,n)$ 共有 n 个一级评价指标 $X_u^i(i=1,2,\cdots,n)$,每个一级评价指标 X_u^i 对应 m_i 个二级评价指标 $X_u^{ij}(j=1,2,\cdots,m_i)$,$X_u^i$ 的权重记作 η_i,X_u^{ij} 的权重记作 η_{ij},即:

$$X_u = (X_u^1, X_u^2, \cdots, X_u^n) \tag{8.1}$$

且有:

$$X_u^1 = (X_u^{11}, X_u^{12}, \cdots, X_u^{1m_1}) \tag{8.2}$$

$$X_u^2 = (X_u^{21}, X_u^{22}, \cdots, X_u^{2m_2}) \tag{8.3}$$

$$\vdots$$

$$X_u^n = (X_u^{n1}, X_u^{n2}, \cdots, X_u^{nm_n}) \tag{8.4}$$

对应权重向量分别为:

$$\eta_{X_u} = (\eta_u^1, \eta_u^2, \cdots, \eta_u^n), \sum_{i=1}^{n} \eta_u^i = 1 \tag{8.5}$$

$$\eta_{X_u^{ij}} = (\eta_u^{i1}, \eta_u^{i2}, \cdots, \eta_u^{im_i}), \sum_{t=1}^{m_i} \eta_u^{it} = 1 \tag{8.6}$$

则称 $X_u^{ij''}$ 为二级指标 X_u^{ij} 的二次加权评价结果,且:

$$X_u^{ij''} = \eta_i \times \eta_{ij} \times X_u^{ij} \tag{8.7}$$

根据式(8.7),基于二次加权后的评价指标可以表示为:

$$X_u^{1''} = (X_u^{11''}, X_u^{12''}, \cdots, X_u^{1m_1''}) \tag{8.8}$$

$$X_u^{2''} = (X_u^{21''}, X_u^{22''}, \cdots, X_u^{2m_2''}) \tag{8.9}$$

$$\vdots$$

$$X_u^{n''} = (X_u^{n1''}, X_u^{n2''}, \cdots, X_u^{nm_n''}) \tag{8.10}$$

命题 8.1：η_i 及 η_{ij} 的定义如定义 8.1 所述，则二次加权后二级指标的权重之后为 1，即：

$$\sum_{i=1}^{n}\sum_{j=1}^{m_i} \eta_i \times \eta_{ij} = 1 \qquad (8.11)$$

定义 8.2：序列 $X_u^{i''}(i=1,2,\cdots,n)$ 如定义 8.1 所述。将该序列映射至二维几何平面坐标系，其中各元素分别对应点 $P_{i1}(1, x_u^{i1''})$，$P_{i2}(2, x_u^{i2''})$，$\cdots$，$P_{im_i}(m_i, x_u^{im_i''})$，连接点 P_{i1}，P_{i2}，$\cdots$，P_{im_i} 得折线 L_{ij}，L_{ij} 与坐标系横轴 X 构成一封闭几何图形 G_u^i。设 A_u^i 为序列 $X_u^{i''}$ 曲线与坐标横轴所围成的封闭几何图形的面积，则有：

$$A_u^i = \left| \frac{x_u^{i1''} + x_u^{im_i''}}{2} + \sum_{k=2}^{m_i-1} x_u^{ik''} \right| \qquad (8.12)$$

类似地，设序列 $X_t^{i''}(t=1,2,\cdots,n)$ 与序列 $X_u^{i''}$ 具有相同的长度，其曲线与横轴 X 所围成的封闭几何图形的面积为 A_t^i：

$$A_t^i = \left| \frac{x_t^{i1''} + x_t^{im_i''}}{2} + \sum_{k=2}^{m_i-1} x_t^{ik''} \right| \qquad (8.13)$$

则称：

$$\gamma_{it} = \frac{1 + A_u^i + A_t^i}{1 + A_u^i + A_t^i + |A_t^i - A_u^i|} \qquad (8.14)$$

式（8.14）为序列 X_i'' 与序列 X_t'' 的广义灰色加权面积关联度（generalized grey weighted area correlation degree，GGWACD）。

职业经理人信用评价指标体系采用百分制，每个评价指标均具有相同的量纲。因此，可以对二级指标进行加权整合。整合后，待评价对象 $X_u(u=1,2,\cdots)$ 的最终评价指标序列可以表示为 X_u''：

$$X_u'' = (X_u^{11''}, X_u^{12''}, \cdots, X_u^{1m_1''}, X_u^{21''}, X_u^{22''}, \cdots, X_u^{2m_2''}, \cdots, X_u^{n1''}, X_u^{n2''}, \cdots, X_u^{nm_n''})$$

$$(8.15)$$

定义 8.3：待评价对象 X_u，一级评价指标 X_i 及二级评价指标 X_{ij} 如定义 8.1 所示；X_u'' 为 X_u 的二次加权评价指标。设序列 X''^* 为二次加权最优评价指标，且：

$$X''^* = (X^{11''*}, X^{12''*}, \cdots, X^{1m_1''*}, X^{21''*}, X^{22''*}, \cdots, X^{2m_2''*}, \cdots, X^{n1''*}, X^{n2''*}, \cdots, X^{nm_n''*})$$
(8.16)

则称序列 X_u'' 与序列 X''^* 的广义灰色加权面积关联度 γ_{*u} 为 X_u 的综合加权评价系数。

γ_{*u} 表示待评价对象 X_u 各评价指标与理想最优指标之间的广义灰色加权面积关联度。因此，γ_{*u} 越大表示 X_u 越接近理想状态，则 X_u 就最优；反之，γ_{*u} 越小表示 X_u 与理想状态差距越大，表示 X_u 越差。因此，我们可以用 γ_{*u} 来对 X_u 进行分类和评价。

8.2 基于 GGWACD 模型的职业经理人信用评价

表8.1是抽样采集到的重庆市9位职业经理人的个人信用、职业信用及职务信用三大类共12个指标的得分数据。

表 8.1　　　　　　　　　职业经理人实证研究样本数据

评价对象	X^{11}	X^{12}	X^{13}	X^{14}	X^{21}	X^{22}	X^{23}	X^{24}	X^{31}	X^{32}	X^{33}	X^{34}
X^*	30	30	30	10	10	30	10	50	30	20	25	25
X_1	0	15	15	0	6	10	6	45	15	15	20	10
X_2	0	15	15	0	5	15	10	45	20	10	10	15
X_3	10	10	20	0	8	15	10	45	10	20	15	10
X_4	10	25	20	0	6	20	7	44	15	14	16	19
X_5	10	15	30	0	8	25	8	45	25	15	20	20
X_6	10	25	30	0	7	20	10	40	25	15	20	25
X_7	10	35	30	0	5	20	6	45	20	15	15	15
X_8	10	35	30	0	7	20	6	45	25	15	20	20
X_9	10	25	30	0	7	25	7	45	28	18	20	20

步骤1：确定各层级指标权重。

依据所建立的职业经理人信用评价指标体系，使用层次分析法，构造判断矩阵，获得各层次指标的权重，如表8.2所示。

表 8.2　　　　　　　　　职业经理人实证研究样本数据

一级指标	$X^1(0.4)$				$X^2(0.4)$				$X^3(0.2)$			
二级指标	X^{11}	X^{12}	X^{13}	X^{14}	X^{21}	X^{22}	X^{23}	X^{24}	X^{31}	X^{32}	X^{33}	X^{34}
	(0.21)	(0.48)	(0.15)	(0.16)	(0.08)	(0.04)	(0.29)	(0.59)	(0.13)	(0.07)	(0.37)	(0.43)

步骤 2：指标数据加权处理。

根据式（8.7）及表 8.2 中各层级指标的权重，对表 8.1 中的所有数据进行加权处理，结果如表 8.3 所示。

表 8.3　　　　　　　　　职业经理人实证研究指标加权数据

评价对象	$X^{11″}$	$X^{12″}$	$X^{13″}$	$X^{14″}$	$X^{21″}$	$X^{22″}$	$X^{23″}$	$X^{24″}$	$X^{31″}$	$X^{32″}$	$X^{33″}$	$X^{34″}$
X^*	2.52	5.76	1.8	0.64	0.32	0.48	1.16	11.8	0.78	0.28	1.85	2.15
X_1	0	2.88	0.9	0	0.192	0.16	0.696	10.62	0.39	0.21	1.48	0.86
X_2	0	2.88	0.9	0	0.16	0.24	1.16	10.62	0.52	0.14	0.74	1.29
X_3	0.84	1.92	1.2	0	0.256	0.24	1.16	10.62	0.26	0.28	1.11	0.86
X_4	0.84	4.8	1.2	0	0.192	0.32	0.812	10.384	0.39	0.196	1.184	1.634
X_5	0.84	2.88	1.8	0	0.256	0.4	0.928	10.62	0.65	0.21	1.48	1.72
X_6	0.84	4.8	1.8	0	0.224	0.32	1.16	9.44	0.65	0.21	1.48	2.15
X_7	0.84	6.72	1.8	0	0.16	0.32	0.696	10.62	0.52	0.21	1.11	1.29
X_8	0.84	6.72	1.8	0	0.192	0.32	0.696	10.62	0.52	0.21	1.48	1.72
X_9	0.84	4.8	1.8	0	0.224	0.4	0.812	10.62	0.728	0.252	1.48	1.72

步骤 3：综合加权评价系数的计算。

根据式（8.14），可计算各待评价对象评价指标与理想最优指标之间的广义灰色加权面积关联度，在此基础上对职业经理人的信用等级进行评价。首先，计算 $X^{11″}$ 与 X^* 的广义灰色加权面积关联度 γ_{*1}。根据式（8.14）可知，有：

$$A_1 = \left| \frac{x_1^{11″} + x_1^{34″}}{2} + \sum_{i=1}^{3} \sum_{k=2}^{3} x_1^{ik″} \right| = 27.2050$$

$$A_* = \left| \frac{x_*^{11″} + x_*^{34″}}{2} + \sum_{i=1}^{3} \sum_{k=2}^{3} x_*^{ik″} \right| = 17.9580$$

则 $X^{11″}$ 与 X^* 的广义灰色加权面积关联度 γ_{*1}：

$$\gamma_{*1} = \frac{1 + A_* + A_1}{1 + A_* + A_1 + |A_* - A_1|} = 0.8331$$

类似地，有：

$$\gamma_{*2} = \frac{1 + A_* + A_2}{1 + A_* + A_2 + |A_* - A_2|} = 0.8340$$

$$\gamma_{*3} = \frac{1 + A_* + A_3}{1 + A_* + A_3 + |A_* - A_3|} = 0.8320$$

$$\gamma_{*4} = \frac{1 + A_* + A_4}{1 + A_* + A_4 + |A_* - A_4|} = 0.8829$$

$$\gamma_{*5} = \frac{1 + A_* + A_5}{1 + A_* + A_5 + |A_* - A_5|} = 0.8791$$

$$\gamma_{*6} = \frac{1 + A_* + A_6}{1 + A_* + A_6 + |A_* - A_6|} = 0.8985$$

$$\gamma_{*7} = \frac{1 + A_* + A_7}{1 + A_* + A_7 + |A_* - A_7|} = 0.9281$$

$$\gamma_{*8} = \frac{1 + A_* + A_8}{1 + A_* + A_8 + |A_* - A_8|} = 0.9392$$

$$\gamma_{*9} = \frac{1 + A_* + A_9}{1 + A_* + A_9 + |A_* - A_9|} = 0.9132$$

整理上述计算结果，得表8.4。

表8.4　评价指标与最优指标之间的广义灰色加权面积关联度

关联度＼评价对象	X_1	X_2	X_3	X_4	X_5	X_6	X_7	X_8	X_9
γ_{*u}	0.8331	0.8340	0.8320	0.8829	0.8791	0.8985	0.9281	0.9392	0.9132

步骤4：职业经理人信用等级的评价。

在表8.4中，γ_{*u}表示待评价对象X_u各评价指标与理想最优指标（X^*）之间的广义灰色加权面积关联度。γ_{*u}越大表示X_u越接近理想状态；反之，γ_{*u}越小表示X_u越远离理想状态。因此，我们可以通过设置γ_{*u}的阈值来对X_u进行分类。在本例中，γ_{*u}的阈值及其对应的信用等级如表8.5所示。

表 8.5　　　　　　　　灰色关联度阈值及信用等级对照

阈值范围	[0.60, 0.70)	[0.70, 0.80)	[0.80, 0.90)	[0.90, 0.95)	[0.95, 1.0]
信用等级	A	AA	AAA	AAAA	AAAAA

根据表 8.5 可以判定职业经理人 X_7、X_8 及 X_9 的信用等级为 AAAA；而其余经理人的信用等级为 AAA。当然，尽管职业经理人 X_7、X_8 及 X_9 的信用等级相同，但是由于他们与最优指标之间的广义灰色加权面积关联度并不相同（$\gamma_{*8} > \gamma_{*7} > \gamma_{*9}$），理论上，职业经理人 X_8 的信用优于职业经理人 X_7 及 X_9，在所有职业经理人中，X_3 的信用最差。上述研究结论与实际情况完全相符。

8.3　本章评述

职业经理人掌握企业的经营管理权，具体负责企业的决策、计划、组织、指挥和协调等活动，拥有企业的各种真实信息，如企业的偷税漏税行为、重要的客户资料等，这些信息会变成从外部引入的职业经理人的"人质"。一些经理人在自己的要求没有得到满足或目的没有达到的时候他们就会利用这些"人质"来要挟企业所有者。本章抽样采集到的重庆市 9 位职业经理人的个人信用、职业信用及职务信用三大类共 12 个指标的得分数据进行个体研究。

中国职业经理人信用评价
体系构建及管理研究
Chapter 9

第9章　基于BP神经网络的职业经理人信用风险评价与实证研究

第 9 章 基于 BP 神经网络的职业经理人信用风险评价与实证研究

信息化时代，如何对职业经理人信用进行快速有效的预警和分级已经成为监管部门的必修课。本章充分考虑了职业经理人信用风险产生、发展、变化的规律及特点，综合第 6 章建立的职业经理人信用评价指标体系。利用 BP 神经网络的初始权值与阀值，构建了基于 BP 神经网络算法的职业经理人信用分类与信用风险预警模型。最后，通过仿真实验，结合 1483 个样本对该模型进行了训练、验证、测试与分析。实验表明，建立的职业经理人信用分类与信用风险预警指标体系与遗传 BP 神经网络模型是有效可行。

我国当前正处于社会转型期，职业经理人现实的利益冲突、各种思想观念以及心态都更为集中地在企业经营过程中反映出来，进而对企业产生巨大的影响力。由于企业对职业经理以往的个人信用、职务信用和职业信用了解不及时，往往陷于被动，导致局部问题全局化，简单问题复杂化，严重影响了企业的工作重心，极大地损坏了企业的形象。如创维的陆强华事件、国美的陈晓事件等，都对企业的经营和形象造成了巨大的负面影响。

9.1 BP 神经网络模型

BP（back propagation，BP）网络是 1986 年由以 Rumelhart 和 McCelland 为首的科学家小组提出的，是一种按误差逆传播算法训练的多层前馈网络，是目前应用最广泛的神经网络模型之一。BP 网络能学习和存贮大量的输入—输出模式映射关系，而无须事前揭示描述这种映射关系的数学方程。它的学习规则是使用最速下降法，通过反向传播来不断调整网络的权值和阈值，使网络的误差平方和最小。BP 神经网络模型拓扑结构包括输入层（input）、隐层（hidelayer）和输出层（outputlayer）。

9.1.1 传统的 BP 算法简述

BP 算法是一种监督式的学习算法，其主要思想是：输入学习样本，使用反向传播算法对网络的权值和偏差进行反复的调整训练，使输出的向量与期

望向量尽可能地接近,当网络输出层的误差平方和小于指定的误差时训练完成,保存网络的权值和偏差。具体步骤如下:

第1步初始化,随机给定各连接权[w],[v]及阀值θ_j,r_t。

第2步由给定的输入输出模式对计算隐层、输出层各单元输出:

$$b_j = f(w_{ij}a_i - \theta_j) \quad (9.1)$$

$$ct = f(v_{jt}b_j - r_t) \quad (9.2)$$

其中,b_j为隐层第j个神经元实际输出;c_t为输出层第t个神经元的实际输出;w_{ij}为输入层至隐层的连接权;v_{jt}为隐层至输出层的连接权。

$$d_t k = (y_t k - c_t)c_t(1 - c_t) \quad (9.3)$$

$$e_{jk} = [d_t v_{jt}]bj(1 - b_j) \quad (9.4)$$

(3)选取下一个输入模式对返回第2步反复训练直到网络设输出误差达到要求结束训练。

传统的 BP 算法,实质上是把一组样本输入/输出问题转化为一个非线性优化问题,并通过负梯度下降算法,利用迭代运算求解权值问题的一种学习方法,但其收敛速度慢且容易陷入局部极小,为此提出了一种新的算法,即高斯消元法。

9.1.2 改进的 BP 网络算法

(1)改进算法概述。

以往研究中 BP 网络算法通常任意选定一组自由权,通过对传递函数建立线性方程组,解得待求权。本书在此基础上将给定的目标输出直接作为线性方程等式代数和来建立线性方程组,不再通过对传递函数求逆来计算神经元的净输出,简化了运算步骤。没有采用误差反馈原理,因此用此法训练出来的神经网络结果与传统算法是等效的。其基本思想是:由所给的输入、输出模式对通过作用于神经网络来建立线性方程组,运用高斯消元法求解线性方程组来得到未知权值,而未采用传统 BP 网络的非线性函数误差反馈寻优的思想。

(2)改进算法的具体步骤。

对给定的样本模式,随机选定一组自由权,作为输出层和隐含层之

第9章 基于BP神经网络的职业经理人信用风险评价与实证研究

间固定权值,通过传递函数计算隐层的实际输出,再将输出层与隐层间的权值作为待求量,直接将目标输出作为等式的右边建立方程组来求解(见图9.1)。

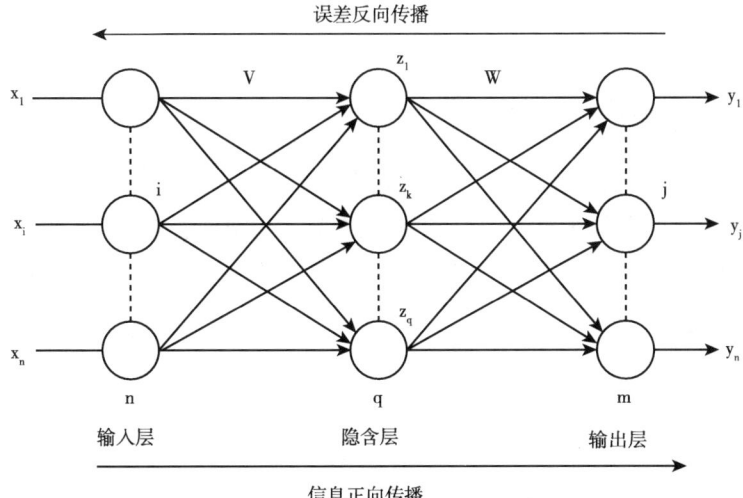

图9.1　2层BP神经网络结构

现定义如下符号(见图9.1):x(p)为输入层的输入矢量;y(p)为输入层输入是x(p)时输出层的实际输出矢量;t(p)为目标输出矢量;n,m,r分别为输入层、隐层和输出层神经元个数;W为隐层与输入层间的权矩阵;V为输出层与隐层间的权矩阵。具体步骤如下:

①随机给定隐层和输入层间神经元的初始权值w_{ij}。

②由给定的样本输入$x_i(p)$计算出隐层的实际输出$a_j(p)$。为方便起见将图9.1网络中的阈值写入连接权中去,令:隐层阈值$\theta_j = wn_j, x(n) = -1$,则:

$$a_j(p) = f(w_{ij} x_i(p))(j = 1, 2 \cdots m - 1) \qquad (9.5)$$

③计算输出层与隐层间的权值v_{jr}。以输出层的第r个神经元为对象,由给定的输出目标值$t_r(p)$作为等式的多项式值建立方程,用线性方程组表示为:

$$a_0(1) v_{1r} + a_1(1) v_{2r} + \cdots + a_m(1) v_{mr}$$
$$= t_r(1) a_0(2) v_{1r} + a_1(2) v_{2r} + \cdots + a_m(2) v_{mr}$$

$$= t_r(2) \cdots\cdots a_0(p)v1_r + a_1(p)v_{2r} + \cdots + a_m(p)v_{mr}$$
$$= t_r(p) \tag{9.6}$$

简写为：
$$A_v = T \tag{9.7}$$

为了使该方程组有唯一解，方程矩阵 A 为非奇异矩阵，其秩等于其增广矩阵的秩，即：$r(A) = r(A \vdots B)$，且方程的个数等于未知数的个数，故取 m = p，此时方程组的唯一解为：

$$V_r = [v_{0r}, v_{2r}, \cdots v_{mr}] (r = 0, 1, 2, \cdots, m-1) \tag{9.8}$$

④重复第三步就可以求出输出层 m 个神经元的权值，已求的输出层的权矩阵加上随机固定的隐层与输入层的权值就等于神经网络最后训练的权矩阵。

9.2 BP 神经网络的职业经理人信用评价实证研究

根据上述介绍的改进的 BP 神经网络算法基本原理，采用 MATLABR 2012b 编制程序，利用 MATLAB 神经网络工具箱建立网络模型，并将建立的网络模型用于职业经理人信用风险评价与实证研究。

9.2.1 数据源与数据预处理

本次实证研究采用的数据是重庆市 1482 位职业经理人的个人信用、职业信用、职务信用和加分项四大类 13 个指标的得分数据，数据如表 9.1 所示。目前并没有标准的职业经理人信用等级分级体系，因此根据孙卫敏[1]的研究成果，将职业经理人信用等级划分为 A、AA、AAA、AAAA、AAAAA 五个等级，输出为 5 维，并将其转化为二进制，如表 9.2 所示。

---

[1] 孙卫敏. 职业经理人综合评价体系研究 [D]. 山东大学，2007.

第9章 基于BP神经网络的职业经理人信用风险评价与实证研究

表9.1 职业经理人实证研究样本数据

x1 信贷记录得分	x2 司法记录得分	x3 欠税记录得分	x4 考试记录得分	y1 从业企业数得分	y2 从业行业数得分	y3 兼职行为得分	y4 职业不道德行为得分	z1 产品质量得分	z2 社会责任得分	z3 缴税记录得分	z4 司法记录得分	J 加分项得分
0	15	15	0	6	10	6	45	15	15	20	10	0
0	15	15	0	5	15	10	45	20	10	10	15	5
10	10	20	0	8	15	10	45	10	20	15	10	0
10	25	20	0	6	20	7	44	15	14	16	19	3
10	15	30	0	8	25	8	45	25	15	20	20	0
10	25	30	0	7	20	10	40	25	15	20	25	0
10	25	30	0	7	20	10	40	25	15	20	25	1
10	35	30	0	5	20	6	45	20	15	15	15	1
10	35	30	0	5	20	6	45	20	15	15	15	1
10	35	30	0	5	20	6	45	20	15	15	15	1
10	35	30	0	5	20	6	45	20	15	15	15	1
10	35	30	0	5	20	6	45	20	15	15	15	1
10	35	30	0	5	20	6	45	20	15	15	15	1

续表

x1 信贷记录得分	x2 司法记录得分	x3 欠税记录得分	x4 考试记录得分	y1 从业企业数得分	y2 从业行业数得分	y3 兼职行为得分	y4 职业不道德行为得分	z1 产品质量得分	z2 社会责任得分	z3 缴税记录得分	z4 司法记录得分	J 加分项得分
10	35	30	0	5	20	6	45	20	15	15	15	1
10	35	30	0	5	20	6	45	20	15	15	15	1
10	35	30	0	5	20	6	45	20	15	15	15	1
10	35	30	0	5	20	6	45	20	15	15	15	1
10	35	30	0	5	20	6	45	20	15	15	15	1
10	35	30	0	6	20	6	45	20	15	20	20	0
10	35	30	0	6	20	6	45	20	15	20	20	0
10	25	30	0	7	25	7	45	28	18	20	20	0
10	25	30	0	7	25	7	45	28	18	20	20	0
10	25	30	0	7	25	7	45	28	18	20	20	0
10	25	30	0	7	25	7	45	28	18	20	20	0
10	25	30	0	7	25	7	45	28	18	20	20	0
10	25	30	0	7	25	7	45	28	18	20	20	0

第9章 基于BP神经网络的职业经理人信用风险评价与实证研究

续表

x1 信贷记录得分	x2 司法记录得分	x3 欠税记录得分	x4 考试记录得分	y1 从业企业数得分	y2 从业行业数得分	y3 兼职行为得分	y4 职业不道德行为得分	z1 产品质量得分	z2 社会责任得分	z3 缴税记录得分	z4 司法记录得分	J 加分项得分
10	25	30	0	7	25	7	45	28	18	20	20	0
10	25	30	0	7	25	7	45	28	18	20	20	0
10	25	30	0	7	25	7	45	28	18	20	20	0
10	25	30	0	7	25	7	45	28	18	20	20	0
10	25	30	0	7	25	7	45	28	18	20	20	0
10	25	30	0	7	25	7	45	28	18	20	20	0
10	35	30	0	5	20	7	43	25	15	20	20	1
10	35	30	0	5	20	7	43	25	15	20	20	1
10	35	30	0	5	20	7	43	25	15	20	20	1
.	.	.	.	.	.	.	.	.	.	.	.	.
.	.	.	.	.	.	.	.	.	.	.	.	.

表 9.2　　　　　　　　　　信用等级二进制转化

信用等级	二进制表达式
A	00001
AA	00011
AAA	00111
AAAA	01111
AAAAA	11111

9.2.2　BP 神经网络算法结构与参数设置

BP 神经网络算法：本书采用 2 层 BP 神经网络结构，输入节点数为 13，输出节点数为 5，隐含层节点数为 30，隐含层传递函数为 S 型函数"tansig"，输出层函数为 S 函数"logsig"，训练算法采用 Levenberg Mar–quart 算法，最大训练次数为 200，训练目标误差为 0.01，学习速率为 0.05，动量因子为 0.9。

9.2.3　BP 神经网络训练和评估

使用 MATLAB 自带的模式识别工具箱界面（nprtool）来导入数据、调整参数等，得到结果。从样本数据中随机选取 1000 组数据作为训练数据，241 组数据作为测试数据，241 组数据作为验证数据。共训练生成 13 个 BP 神经网络弱分类器，最后用 13 个弱分类器组成强分类器对职业经理人信用等级进行分类，BP 神经网络训练情况如图 9.2 和图 9.3 所示。

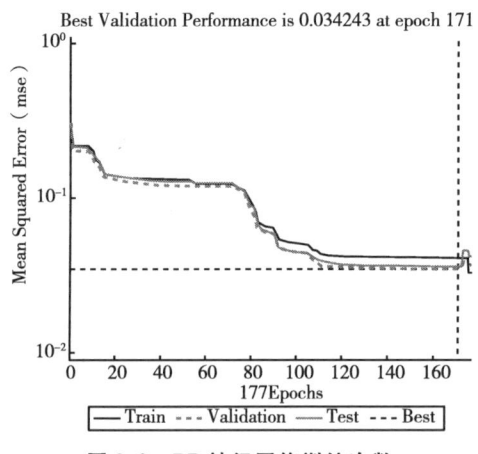

图 9.2　BP 神经网络训练次数

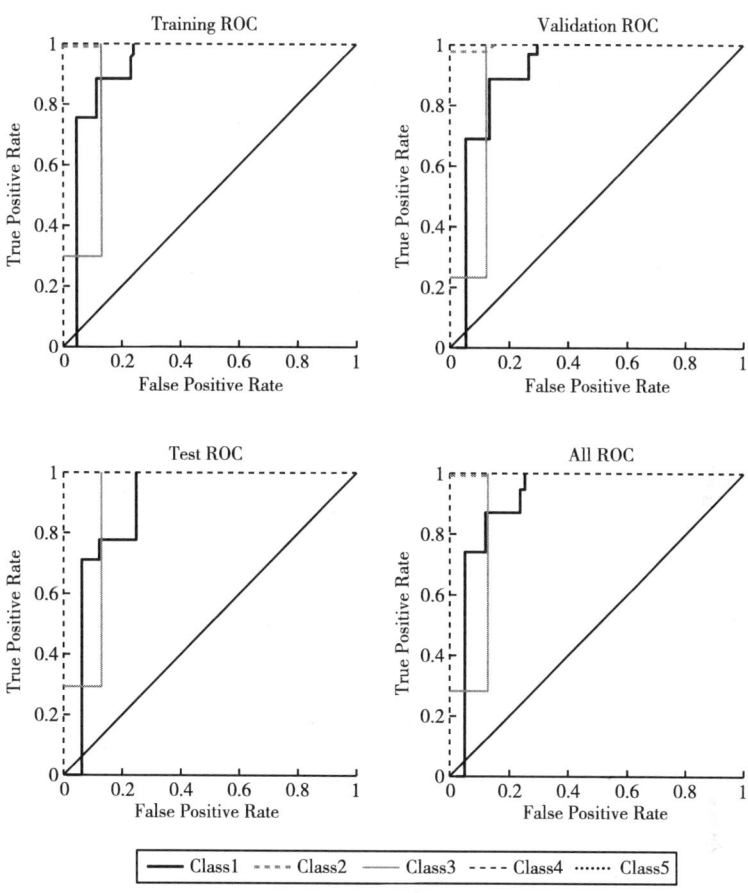

图 9.3 BP 神经网络训练操作特征曲线

9.2.4 实验验证及结果分析

通过混淆矩阵显示，BP 神经网络训练的准确率达到了 87%，是一个比较理想的准确率。将样本 1、4、7、10、130、160、219、522、725、928、1231 作为 BP 神经网络的测试样本，其余样本作为 BP 神经网络的训练样本。利用 BP 神经网络直接进行职业经理人信用风险评价，参与测试的 11 个样本有 9 个进行了正确的分级，分级正确率为 81.81%，如表 9.3 所示。实验表明，本书所设计的职业经理人信用风险评价指标体系是合理的，基于 BP 神经网络模型的职业经理人信用风险评价分级是可行的。

表 9.3　　　　　　　　　实验结果对照

样本	等级	期望输出	BP 神经网络输出				
1	A	00001	0.0003	0.0005	0.0000	0.0027	0.9936
4	AA	00011	0.0059	0.0087	0.0259	0.9828	0.9569
7	AAA	00111	0.0003	0.0024	0.9056	0.9587	0.9799
10	AAAA	01111	0.0014	0.8229	0.9973	0.9491	0.9491
130	AAAAA	11111	0.9701	0.9996	0.9973	0.9513	0.9491
160	A	00001	0.0023	0.0050	0.0001	0.0080	0.9863
219	AA	00011	0.0036	0.0078	0.0053	0.9736	0.9887
522	AAA	00111	0.0013	0.0020	0.9556	0.9887	0.9733
725	AAAA	01111	0.0004	0.9229	0.9677	0.9861	0.9731
928	AAAAA	11111	0.9901	0.9695	0.9563	0.9915	0.9781
1231	A	00001	0.0033	0.0051	0.0004	0.0067	0.9842

职业经理人的信用对于企业来说非常重要，如果一个职业经理人信用出现问题，对一个企业的发展和经营将会带来极大的危机，容易形成错误的舆论导向，造成不良的社会影响，对企业的形象和品牌价值也会带来极大的破坏。从近几年企业应对职业经理人信用危机事件的情况来看，在危机事件发生以后，企业会及时做出反应，但这个时候已经很难挽回企业失去的信誉和损失。因此，企业只有在职业经理人信用危机发生前，对职业经理人信用等级和信用风险进行评价预警，做到"心里有数"，及时采取应急预案，才能降低职业经理人信用危机的破坏力。

9.3　本章评述

信息化时代，如何对职业经理人信用进行快速有效的预警和分级已经成为监管部门的必修课。本章充分考虑了职业经理人信用风险产生、发展、变化的规律及特点，综合第 6 章建立的职业经理人信用评价指标体系。利用 BP 神经网络的初始权值与阈值，构建了基于 BP 神经网络算法的职业经理人信用分类与信用风险预警模型。最后，通过仿真实验，结合 1483 个样本对该模型进行了训练、验证、测试与分析。实验表明，建立的职业经理人信用分类与信用风险预警指标体系与遗传 BP 神经网络模型是有效可行的。

中国职业经理人信用评价
体系构建及管理研究
Chapter 10

第10章 提升我国职业经理人信用评价水平对策及保障措施

10.1 我国职业经理人市场存在的问题

10.1.1 职业经理人市场主体择优机制不健全

作为职业经理人市场需求方的企业，按其产权结构特征，大致可分为以下三类：国有企业、民营企业以及外资企业。随着现代企业制度改革的深化，在国有企业，政企分开的公司制企业成为其组织形式，于是一大批国有企业的领导干部逐渐转化为职业经理人，但是这种转换并不彻底，其外部原因在于我国规范化、制度化的经理人机制尚未真正形成，其内因在于中国社会市场发育还不成熟，传统的官本位文化以及官商一体的经济管理体制有待改革与更新。具体表现为：（1）国有企业的选任机制没有跳出传统的管理模式，市场化程度低，多是从党政机关干部中挑选，对其要求往往是政治条件高于经营管理能力。这种行政任免制导致国有企业经理人"做官"多于"做事"，对于复杂残酷的市场竞争则难以胜任。（2）国有企业经理人权力与职责的失衡。传统的行政任免制必然导致企业家官商不分，经理者与有关监管部门之间形成"自己人管自己人"的怪现象。国有企业经理人对国有资产享有支配权，控制着资产的营运，但对其权力却缺乏真正的监管制约，因而在国有企业经理人中负盈不负亏是一种普遍现象。企业因经营管理不善而亏损，经营者美其名曰"交学费"，厂长经理照样当，或异地为官，享受待遇不变，损失则由国有企业的所有者——国家来"买单"。目前重庆的情况恰恰是国有企业的不完善的市场行为对职业经理人市场的基本功能产生着消极影响。例如，民营企业和外资企业都基本具备了择优选取经理人的机制，而国有企业的择优机制却很不健全，经理人的选择受来自方方面面的影响。

10.1.2 合约执行交易费制约职业经理人市场规模

企业与其所选定的职业经理人之间的委托—代理关系通过签订合同而确立，之后便是合约的执行和监督。合约的签订和执行都是有"交易"费用的，由于职业经理人"代理人"与企业"委托人"所掌握信息的不对称性，委托人一般处于不利地位，即合约的交易费用主要由委托人承担。这些交易费用包括两方面：事前费用和事后费用。事前费用主要指签订合约产生的费用；事后费用主要指合约执行过程中所带来的一些不确定性费用或损失，包括职业经理人违约对企业带来的损失，职业经理人利用信息不对称对企业利益的侵占，职业经理人"偷懒"所带来的效率损失等。这些发生在委托人身上的事后费用一般只能通过对代理人实施监督加以控制。但这种监督无非是职业经理人的道德自律，即"第一方监督"；法律、政府对企业财产的保护，又称为"第二方监督"；以及企业对职业经理人的激励，即"第三方监督"。事实上，企业要对职业经理人实施有效监督是非常困难的，它意味着要面对高昂的监督成本或交易费用，致使很多本来渴望职业经理人的企业都因此望而却步。

10.1.3 信用危机和传统文化阻碍了职业经理人市场化

如前所述，中国职业经理人的成长受着信用危机和传统文化的制约，重庆也是这样。重庆本身"家文化"氛围就很浓郁，加之现实中企业间、企业与客户之间缺乏商业道德、商业规则和商业秩序，企业与职员，包括经理人之间契约意识淡薄，整个社会信用关系缺乏刚性，信用链条十分脆弱，"不守信用"是普遍的社会现象，而法律又奈何不得，致使企业用人缺乏安全感。特别是民营企业，用人上大多有一个明显的倾向：即企业最高经营者或高层经营者一般在家族内部产生或传承。这些因素都制约着企业引入职业经理人，制约着职业经理人市场建设。这种传统的影响还会在长期内存在，目前的一些制度如户籍制度，某种程度上还强化了这一传统。

10.1.4 法制环境的制约

我国目前对于职业经理人市场建设还很滞后，规范职业经理人市场的法律基本是空白。由于法制观念的淡薄，使企业所有者和职业经理人运用法律来保护其各自合法权益的意识不强。往往是凭感情、讲义气，通过契约来明确双方的权利和义务。通过法律来规范双方行为，是引入和运用好职业经理人的关键，也是职业经理人市场健康发展的关键。我国不仅法律体系有缺损，而且司法成本高，地方保护主义相当严重，通过法律解决纠纷，时间长，风险大，成为制约我国建立职业经理人市场建设的重大障碍，特别是众多的民营企业,更是制约其管理职业化的重要因素……市场经济从某种意义上来讲是一种法制经济,它应该在法制轨道上运行。然而,根据中国职业经理人调查系统的调查结果显示,中国职业经理人普遍认为,目前的法规在维护中国职业经理人的权益方面,并不能令人满意。有 68.37% 的答案认为,目前的法规只能在一般程度上维护中国职业经理人的权益,而觉得非常有利和比较有利的,只占 21%。

在西方,凡经理人离职,董事会通常会出于保护离职者的名誉和利益的考虑,在提出解聘时以"个人原因"为由,宣布他为主动辞职,不管它被解聘抑或被迫辞职。但是,董事会必须事先和被解聘者达成默契,因为董事会可以解聘某人,却没有权利宣布他辞职。另外,经理人在接受董事会聘用时,也会在聘用合约中另加一条保护性条款,对自己的福利及期权等的执行作详细约定,以便在自己没有过失而遭董事会单方面解聘时寻求补偿。新浪网前任 CEO 茅道林在当年离职时,就凭着其与新浪董事会的一纸合约而在期权上获得极大补偿,而他的前任王志东在遭解聘时则有相当比例的期权没有执行。在我们国家,法律之所以得不到有效执行,法律制度本身的不合理是一个重要原因。许多领域存在法律的真空地带。至今,我国还没有一部企业职业经理人法,经理人在企业经营活动中的合法地位、权利、义务以及责任仍然处于模糊状态。这既影响了职业经理人队伍自身的成长,又影响了职业经理人社会价值的发挥,客观上造成了社会智力资源较大的浪费。

10.1.5 职业经理人市场信用环境不规范

目前我国正处于传统道义信用规则扬弃、适合社会主义市场经济信用规则建立的历史过渡期,这个时期,传统规则的失范与新规则的残缺使中国出现了严重的信用危机。据中国企业联合会公布的资料,我国因缺乏诚信而造成的损失高达 6000 亿元人民币,几乎相当于我国一年内生产总值的增长部分。信用缺失已成为我国经济发展不容忽视的问题,这也成为当前制约我国职业经理人市场健康发展的重大障碍。企业竞争行为不规范,企业诚信比较稀缺,有些企业主欺骗消费者,偷税漏税,拖欠员工工资,对企业经营者授责不授权,整个企业信用度有待提高。我国职业经理人道德素养不高,不讲信用的情况也相当严重。我国信用环境恶劣,对推进我国企业管理的职业化、市场化，特别是家族企业经营管理职业化、市场化，形成重大障碍，严重制约了我国职业经理人市场的产生和发展。

10.2 我国职业经理人信用评价及管理体系的构建设想

构建"四位一体"的职业经理人信用评价及管理体系及其可持续发展设想。通过在全国推广试点经验建立全国性的企业（职业）经理人信用数据库，明确统一的企业（职业）经理人信用评价指标、搭建一个动态化的、可持续的职业经理人信用评价及管理的平台，并最终将成型的、基本完善的职业经理人信用评价及管理体系融入全社会的个人信用评价体系。目前我国信用体系建设、征信市场化进程正处于由"概念"向"实践"的过渡阶段和启动阶段，"中职协作为主导、地方职协贯彻配合、企业积极作为、职业经理人响应配合"四位一体，促进了职业经理人信用评价及管理体系的构建和可持续发展。

10.2.1 政府支持

中共中央、国务院印发的《国家中长期人才发展规划纲要（2010~2020年）》提出："以战略企业家和职业经理人为重点，加快推进企业经营管理人才职业化、市场化、专业化和国际化，培养造就一大批具有全球战略眼光、市场开拓精神、管理创新能力和社会责任感的优秀企业家和一支高水平的企业经营管理人才队伍"；中共中央组织部、中共中央统战部、国务院国有资产监督管理委员会、工业和信息化部、中华全国工商业联合会联合印发的《企业经营管理人才队伍建设中长期规划（2010~2020年）》提出："以提高现代企业经营管理水平和企业国际竞争力为核心，以培养造就战略企业家和高素质职业经理人为重点"。

从以上政策文件可以看出，党和国家以及有关政府部门对加强职业经理人才队伍的发展是十分重视的。党和政府需要培养一支高素质高水平的职业经理人队伍以支持企业的发展，推动经济社会不断向前发展。政府不仅仅从战略上支持及引导，同时从实际行动中也有所作为，改革开放以来，应中国企业高级雇员队伍的发展状态和建立职业经理人市场的需要，立足推进中国企业经理职业化、培养中国企业职业经理人，中国职业经理人协会经由国务院批准成立。

重庆政府积极响应中共中央的号召，贯彻《国家中长期人才发展规划纲要》关于"完善以市场和出资人认可为核心的企业经营管理人才评价体系，积极发展企业经营管理人才评价机构，建立社会化的职业经理人资质评价制度，加强规范化管理"要求。受中国职业经理人协会委托、经重庆市人力资源和社会保障局同意、报重庆市民政局核准，于2013年12月23日注册登记成立了重庆职业经理人协会。以推动建立适应重庆市特点的职业经理人制度、推进建设重庆职业经理人队伍为目标，在实施职业经理人资质评价活动中，协调企业及出资人、职业经理人与培训、评价和评估等中介服务机构三方利益关系，并规范培训、评价和认证及资质管理三个环节行为的地方性社团组织。在全国统一的社会化职业经理人资质评价制度体系内，承担重庆市职业经理人社会化评价和资质认证职能，并承担中国职业经理人协会授权的对职业经理人全国性行业协会的部分管理职能。综上所述，政府的重视与扶持为重庆为职业经理人信用评价试点提供了契机。

10.2.2 行业协会成熟

过去的职业经理人没有统一的评价标准，整个行业比较混乱，伴随于2012年6月30日在京成立的中国职业经理人协会，以及后续的各地职业经理人协会的成立，职业经理人的管理与评价越发成熟，为职业经理人信用评价平台的搭建提供了土壤与支持。目前，在中国职业经理人协会的主导下，有关职业经理人信用评价的活动在各地有序进行。各协会学习贯彻党和国家关于加强职业经理人队伍建设的方针政策，认真落实与协会业务有关的各项任务和工作要求。研究并向政府有关部门提出完善职业经理人队伍建设工作的建议和意见，为推进职业经理人队伍建设工作提供咨询和信息服务。加强职业经理人社会化资质评价的标准化、规范化建设，推进建立社会化职业经理人资质评价制度。遵照国家政府部门行政许可，组织开展职业经理人社会化考核测评、资质评价和认证工作，颁发全国统一的职业经理人资质证书，承担证书的注册、发放和年检工作。

10.2.3 市场活力

在中国经济发展史上，随着中国企业的强大，职业经理人队伍也一直处于快速增长之中。作为人才市场中最有活力与前景的阶层，经理人最重要的使命就是经营管理企业，使其获得最大的经济效益。所以对职业经理人有其独特的评价标准、就业方式和利益要求，其报酬及社会地位的高低取决于经营业绩的好坏，他们必须承担经营失败后的职业风险。经理人的职业化，必须将经理人的利益与企业的经营绩效结合起来，将他们的命运与企业的生死存亡联结起来，从而形成同舟共济、荣辱与共的关系格局。企业经营的成功与巨大的挑战，使职业经理人成为既具有风险性又令人非常向往的特殊职业。这使对职业经理人信用评价变为一个愈发受到关注的问题。

10.2.4 职业经理人

经济体制的逐步完善与深入发展，我国企业的持续、健康发展有赖于建立一支专业化的职业经理人队伍，而职业经理人队伍的打造则有赖于其在职业知识、职业能力、职业素养三方面的全方位提升。其中，职业知识是基础，职业能力是职业知识的转化和在实践中的灵活运用，职业素养是职业经理人在品质、道德方面的具体表现，德才兼备方能成为优秀的职业经理人。职业素养比职业知识、职业能力更为重要，有才无德的管理者与有德无才的管理者相比，前者对企业的负面影响更大。良好的职业素养应成为职业经理人评价的首要标准，而信用评价则贯穿职业经理人职业素养评价的始终，成为职业素养评价的核心。

10.3 我国推行职业经理人信用评价及管理体系的政策建议

10.3.1 政府层面

经理人市场是劳动力市场的高端部分，具有高端经营管理人才交易和定价的功能。经济全球化的演进、国企职业经理人制度的完善和民营经济的代际传承，都需要成熟完善的职业经理人市场。然而，我国经理人市场治理还存在交易成本高、效率低、风险失控等问题。完全依赖政府来解决经理人"市场失灵"的问题需要付出高昂的行政成本,而行业协会因其天然的信息优势成为世界上一些国家的首选。因此,引导和培育行业协会参与共担,是我国经理人市场治理的题中应有之义。

(1) 转变政府职能促进行业协会完善功能。

可适时向行业协会转移部分市场监管职能,引导行业协会开展行业自律以加强市场监管,促进其在市场治理实践中逐步完善功能。一是制订自律性行为规章。由各专业性行业协会牵头制订经理人行为公约、猎头行为规范和猎头行业标准等行业自律性行为规章以控制交易风险。如美国的国际猎头行业顾问协会根据社会需要不断调整和制定猎头行业的《职业道德公约》《候选人测评及背景调查程序》《候选人权益及客户的全程监控和最终选择权益》等。二是构建资方和经理人之间的信息交流平台。由行业协会出面组织建立经理人业绩档案、经理人诚信档案、企业履约档案、猎头违规档案等一系列结构化的信息网络,辅助经理人市场形成声誉机制以降低市场交易成本。三是拓宽经理人培养渠道。引导行业协会通过开展资格认证、促进同业交流等方式为市场培育职业经理人。如英国职业经理人协会开展社会化职业经理人资格认证活动,根据社会需要开发出提高经理人职业技能的课程,在提高经理人市场供给数量的同时也保证了市场供给的质量。

(2) 引入竞争机制提升行业协会市场治理能力。

现有的一业一会体制不利于行业协会的转型升级,应该引入竞争机制以提升行业协会市场治理能力。一是培育市场内生型协会。政府推动"自上而下"产生行业协会的方式在我国行业协会发展的历史上功不可没,随着市场治理难度和复杂程度的增加,必须进而培育市场内生型协会参与治理。发达国家较为成功的行业协会的发展历史表明,市场内生型协会治理能力和动力相对较高,它将打破现有一业一会的格局,会员"用脚投票"的行为将倒逼行业协会主动提升服务会员和社会的能力。二是以公开招标为手段促进协会间的竞合。政府可在购买行业协会公共服务的过程中以公开招标为手段,强化行业协会间的竞争,使不同行业协会在竞争与合作中提高市场治理的能力。三是促进协会间监督和制约。在引入行业协会参与经理人市场治理的同时,需要对其进行必要的监督和制约,防止其行为异化。要着力铲除行业协会以权谋私、滥发证书,同业内多个行业协会并存的乱象,推进行业协会在互相监督和制约中不断完善自身建设。

(3) 加强与政府合作构建平等合作伙伴关系。

随着功能的完善和能力的提升,行业协会将在经理人市场治理体系中承担更多职能。政府可以与行业协会构建平等合作伙伴关系,通过与其保持良性互动提高经理人市场治理有效性。一是构建政府—协会间良性互动机制。通过政府与行业协会召开定期会议等方式,引导相关利益群体以行业协会为平台,有序表达利益诉求。以日本为例,相关政府部门经常与该国人才派遣协会沟通,及时了解行业发展状况,该协会也主动向政府提出对行业发展的政策建议。这种双向沟通机制提高了经理人市场运行效率,不仅有利于提升政府制订的政策法规有效性,也有利于政策法规的落地执行。二是引导形成联动机制。引导不同行业协会对违背经理人市场交易规则的行为进行多边惩罚,通过协会间的联动机制进一步降低市场交易风险。三是以行业协会为平台调节劳资矛盾。引导资方群体和经理人群体以行业协会为平台通过对话加强合作。以德国为例,劳资双方分别通过能够代表自己利益的行业协会(德国雇主协会联合会、德国工会联盟)结成伙伴关系。双方约定以行业协会为平台通过对话与合作的方式解决潜在劳资冲突。这种调节劳资矛盾的方式增加了互信、提升了交易意愿,在提高经理人市场交易效率的同时降低了交易成本。

此外,在将行业协会纳入经理人市场治理体系的同时,还可充分利用媒体的社会监督作用,促进政府、行业协会和媒体协同共治,构建现代化的经理人市场治理体系。政府的职能是对市场进行外部监督,其手段以制订法律法规为主;行业协会的职能是行业自律,其手段以制订行业规章为主;媒体的主要职能是弥补他律和自律的不足,其手段以披露虚假信息为主。由此,政府和媒体的对经理人市场的他律和行业协会的自律将形成现代化的经理人市场治理体系。

10.3.2 行业协会层面

(1) 中国职业经理人协会层面。

中国职业经理人协会是以推动建立社会化的职业经理人资质评价制度、

推进职业经理人队伍建设为目标，在实施职业经理人资质评价活动中，协调企业及出资人、职业经理人与培训、评价、评估等中介服务机构三方利益关系和规范培训、评价和认证及资质管理三个环节行为的全国性社团组织。具有考试测评资质，承担职业经理人命题考试测评、阅卷和颁发证书等工作并经批准的职业经理人国家级的行业组织。在职业经理人信用评价和持续管理体系中处于主导地位，是职业经理人职业经历的客观记录者，具有公正性与权威性，充分地体现在用人单位、职业人双方提供对职业信息的透明性和实时的信息交互机制。具体如下：

第一，继续组织和推广职业经理人信用评选活动。首先，继续组织开展职业经理人信用评选活动。目前，我国针对企业或行业等的信用评选活动很多，但针对个人的信用评选活动则少之又少。事实上，职业经理人身居企业要职，其诚信道德水平至关重要，而针对职业经理人信用评选活动仍存在空缺。未来中国职业经理人协会可以组织牵头开展职业经理人信用评选活动，借助专业力量和媒体优势，营造诚信氛围、对职业经理人日常行为形成约束。与此同时，在推广评先选优活动中纳入信用评价机制。我国目前举办了多种形式的优秀职业经理人评选活动，评选主要关注的仍是工作业绩。2015年，重庆举办的"杰出经理人公益评选活动"首次植入了信用元素，将企业经理人的信用问题作为门槛性评选指标，突破了以往评选活动仅关注工作绩效的局限，未来可以推广至各地方评选活动中，进一步营造"守信得益、失信受损"的良性信用氛围。

第二，建立职业经理人信用平台，引入动态化、可持续的职业经理人档案数据库。

①档案内容：建立动态的职业经理人信用档案——"职场身份证"是职业经理人信用评价的最终目的。可采用"先易后难，先静后动，局部试点，稳步推进"的原则逐步推进，建立职业经理人信用评价管理信息系统网络平台和职业经理人信用档案。为全国范围构建动态的、主动的、界面友好的职业经理人信用评价管理信息系统网络平台提供宝贵经验。职业信用档案主要记录职业经理人的教育经历、职业经历、雇主考评、职业业绩等，形成规范化的文本，使职业经理人的人品、能力、业务表现有案可查。

②管理办法：职业经理人信用档案由职业经理人本人、职业经理人供职企业以及与个人经济活动、消费行为等有关的利益相关机构，后两项需要在

职业经理人本人授权的情况下进行，信用档案建成之后，则交付中国职业经理人协会统一管理。企业负责每年度或职业经理人离职后，对职业经理人的工作和信用进行评价，以保证信用档案持续性、动态化管理。

③使用细则：信用档案建立后，职业经理人有权调取本人信用档案记录，提供给用人单位，一方面，信用档案建立之后，具有权威性和公正性，能够增加用人单位对职业经理人的信任程度，有利于其获得更优厚收入、更高职位、更广阔的职业发展空间，反过来又提高职业经理人参与信用评价的积极性。另外，用人单位在成为中国职业经理人协会会员后，可以有偿调取职业经理人信用档案从而知晓该职业经理人以前表现如何，有效规避职业经理人信用风险。

④利用信息技术、建立联网数据库：我国个人银行信用系统的建设已日趋成熟，该系统提供的职业经理人个人信用信息可以作为职业经理人个人信用评价的信息来源之一，另外还有与工商、税务等其他信息系统联网共同完善的职业经理人数据库，以实现信息共享，保证信息时效性及完整性。

⑤推行职业经理人资质考评中纳入信用元素：构想将信用评价纳入职业经理人资质考评中，并在每年的职业经理人资格考评年检时实时更新。纳入形式可以选择强制性和选择性两种，强制性即只要申请职业经理人资格证就必须通过信用评价，采用一票否决制，若信用评价不合格则无法获得证书，可参照我国目前个人征信的管理办法，设定信用时效为5年，5年过后才可再次申请。选择性则为在经理人申请可以主动选择是否纳入信用评价，或者更具职业资格证等级来区分是否纳入信用评价，越高级越需要信用评价的纳入。

第三，推动和指导引入第三方档案管理和评价机构。从国外发达国家的诚信体系建立历程来看，由政府主导逐步向市场化运作转化是一个必然的普遍趋势。一方面，信用档案建成之后，需要专门的信用评价机构对职业经理人的信用评价等级或分数进行评定并出具报告，以交付用人单位使用。另外，随着我国征信业的市场化进程加速、征信牌照的逐步放宽，中国职业经理人协会将有机会获取针对特殊人群的征信牌照，进而更全面、规范地直接开展工作。

（2）地方职业经理人协会层面。

地方职业经理人协会是在全国统一的社会化职业经理人资质评价制度体

系内的具体践行者和贯彻者，主要负责各自所辖地区职业经理人信用评价开展工作。以重庆职业经理人协会为例，是经重庆市政府主管部门核准，在全国统一的社会化职业经理人资质评价制度体系内，承担重庆市职业经理人社会化评价和资质认证职能，并承担中国职业经理人协会授权的对重庆地区职业经理人的行业管理职能的直辖市级的地方性联合性组织，是促进重庆职业经理人素质提升和推动职业经理人人才流动及就业的社会团体法人，是为重庆职业经理人队伍建设事业服务的非营利性组织。重庆职业经理人协会是重庆市首个兼具行业管理和社会服务双重职能的直辖市级的地方性联合性组织，也是重庆第一家以"职业经理人"命名的地方性社会团体。本书研究以重庆职业经理人协会为例，提出作为行业管理和社会服务的地方职业经理人协会，对职业经理人信用评价和持续管理具有更直接、更有效的作用。具体如下：

第一，加强协会的协调管理力度，搭建平台，促进职业经理人队伍建设。根据重庆职协的业务范围，积极协调征信人员、职业经理人等与培训、评估、评价相关的培训机构的关系，提升征信体系建设中行为主体的基本素质；积极引导各类企业经营管理人才交流和推介机构发挥作用，搭建高规格、有时效的职业经理人交流推介平台，充分利用企业经营管理人才市场资源，加快推进职业经理人市场化配置机制，完善重庆职业经理人市场服务体系。这一点也是各地方职协目前的软肋。以重庆职业经理人协会为例，在其官网（www.cqapm.com）上，自2014年10月至今其"人才推荐"板块一直显示为"板块建设中"。显然，重庆职业经理人协会应有的人才和用人企业之间的桥梁、平台作用发挥得不够，尚有较大的改进和提升空间。

第二，以不断完善的制度保障和立法约束为依托，以多重形式对职业经理人信用评价重要性的宣传，研发职业经理人评价技术，推进建立社会化的职业经理人资质评价制度，提高职业经理人对信用管理的认同度、加强市场供求双方对信用的重视程度。

第三，积极组织调研学习，进行专业的咨询活动，推动建设高水平、专业化的职业经理人队伍。结合重庆经济社会的实际情况，定期或不定期开展职业经理人队伍建设的市场调研，了解队伍建设状况；组织业务交流、专题讲座、研讨会、年度评选及行业论坛等学习活动，整合国内外资源，搭建政府部门、学术机构与企业三方良好的沟通渠道和交流平台，为助推企业发展提供资源协调及智力。

第四，强化地方协会职协的中介性和服务性功能，处理好与政府、行业、企业及职业经理人之间的关系，协调好各方在职业经理人信用评价和持续管理方面的工作。

10.3.3 企业层面

作为职业经理人信用评价及其信用产品的合格使用主体、职业经理人信用状况的直接影响对象，职业经理人所供职的企业应通过积极响应和作为，从需求层面调动并激发受评对象——职业经理人队伍对信用评价的主动参与和配合，进而引发社会各界对职业经理人这一特殊阶层的信用状况的全面关注。具体如下：

第一，企业招聘中增设信用评价环节为门槛条件。企业人力资源部门应在职业经理人招聘环节增加信用测评环节或要求其提供第三方出具的信用评价报告，有利于降低双方的信息不对称问题，有利于企业避免招聘到有诚信道德问题的职业经理人，同时也使职业经理人逐步重视作为个人的信用行为，有利于其信用价值观的确立，规范就职期间的信用行为。

第二，企业动态管理并持续更新职业经理人信用信息记录。作为职业经理人服务的对象，企业拥有对职业经理人职业素养和业绩的最终评判权，也是职业经理人职业信用情况的第一手信息拥有者，具体包括职业经理人入职离职记录、年度考核绩效、下属评价情况、领导评价意见、客户评价意见等，从不同角度记录职业经理人的职业表现。既为企业自身对职业经理人的考评、晋升等管理环节提供了决策依据，又在企业内部建立起了对职业经理人职业行为的失信惩罚机制，为日后的企业间、行业间职业经理人信用信息记录的共享奠定基础。

10.3.4 高校层面

高校层面在推行职业经理人信用评价及管理体系方面应该能发挥出不容忽视的作用，主要在于高校在学生培养以及高校协会合作中建立起的密切联系。从这两方面来看，有具体如下的做法：

第一，注重学校的学生培养。高校致力于培养未来社会上的职业经理人的接班人，注重对于学生的培养。例如，广东外语外贸大学于2014年6月28

日正式宣告成立了全国首个职业经理人培训学院，随后，在河北、浙江等省份也纷纷建立起职业经理人培训学院。由此可见，高校在培养职业经理人上已做出尝试和努力。这里不单单指经管专业的在校大学生，更包含已经迈入工作岗位的"回炉再造"的对职业经理人技能和知识有迫切需求的学生。发挥高校层面的作用，争取让有志成为职业经理人的学生在离校前掌握知识与技能，同时对于在社会上打拼后重新进入学校深造的学生，高校也应该紧跟社会需求的步伐，满足市场的需要，满足学生发展的需要。

第二，加强学校与职业经理人协会的合作。2015年12月10日在重庆市人力资源和社会保障局、重庆市商业委员会、重庆市工商业联合会的共同支持下，中国职业经理人协会与重庆工商大学融智学院签署成立中国职业经理人协会重庆信用研究中心合作协议。高校与协会的合作，对"打造中国特色的职业经理人信用评价体系"有积极影响，高校就企业和职业经理人的信用评价内容、标准和方法，以及就信用评价的实现和管理机制进行拓展研究；依据信用评价原则，开展对企业和经理人的信用评价。高校的介入，必将为中国职业经理人制度的建立做出突出贡献。

10.3.5 职业经理人层面

作为职业经理人信用评价的客体、受评对象——职业经理人在其自身的信用评价和管理方面显然不是被动的参与者，应积极主动地响应和主导，其作用不容忽视。比照我国《征信业管理条例》的规定，遵循其"不得侵犯商业机密和个人隐私"的基本原则，该条例第三章征信业务规则第十三条明确规定，"采集个人信息应当经信息主体本人同意，未经本人同意不得采集。但是，依照法律、行政法规规定公开的信息除外"，且"企业的董事、监事、高级管理人员与其履行职务相关的信息，不作为个人信息"，另有第十五条"信息提供者向征信机构提供个人不良信息，应当事先告知信息主体本人。但是，依照法律、行政法规规定公开的不良信息除外"。不难看出，在整个职业经理人信用评价过程中，除依照法律、行政法规规定属应公开的不良信息而外，职业信息基本属于非公开的性质，其公开与否、披露与否、提供与否由其真正所有者——职业经理人本人享有完全的决定权。因此，为能更加客观、持续地开展职业经理人信用评价，从职业经理人层面看，建议其在对个人信用、职业信用及其评价有充分认知的情况下主动实时更新或提交职业经理人个人资料，主动参与对自身职业信用的建设和管理；同时，积极保持和职业经理人协会和企业的沟通，鼓励职业经理人主动关注、跟踪其职业信用情况，保障自己的权益。如对职业经理人协会拿出的信用评价结果有异议，可提出申诉和复审，但需要给出不能接受的理由或新的支持材料。

显然地，职业经理人信用评价及持续管理体系的成功与否取决于"四位一体"核心地位的职业经理人对信用的认知程度、对信用评价的接受意愿及程度，因此本书制订了如前所述的近期、中期和远期发展目标，即职业经理人信用评价是一项基础性的"大工程""大事业"，而非一蹴而就的。本书立足当下，特别针对"近期目标"——建立、健全职业经理人评选活动的信用植入规范流程及操作细节作进一步的展开，以期为日后的职业经理人评选活动、职业经理人信用评价等提供一些思路和指导。

10.4 规范我国职业经理人信用制度的支撑措施

10.4.1 积极培育信用文化

深化社会主义市场经济体制改革，推进市场化进程，培育现代信用文化的物质经济基础。现代信用文化是建立在现代市场经济基础上的。市场经济从本质上看是"信用经济"，这不仅是说市场经济需要信用，更重要的是市场经济是建立在错综复杂的信用关系基础上，因此，信用意识的增强和信用体系的最终建立与市场经济的建立和完善是同一个过程。在这个过程中，市场化程度越高，社会信用体系的发育程度也越高，所以只有不断地深化社会主义市场经济体制改革，推进市场经济的发展与完善，才能培育与市场经济相适应的信用意识和信用伦理精神。推进社会主义民主政治体制改革，加快民主化进程，培育现代信用文化的民主政治基础。培育现代信用文化，首先要树立市场经济的"自由精神"。这是因为市场经济离不开契约关系，而契约关系是建立在双方自由意志基础上，是一种合意行为。为此，就必须要求个人具有主体意识和独立人格。因此，必须积极稳妥地推进政治体制改革，按照政企分离和精简、统一、效能的原则进行机构改革，切实地转变政府的经济职能,由直接参与微观经济活动转变为宏观调控为主;由行政直接调控手段为主转变为法律和经济的间接调控手段为主,避免决策的主观臆断性,维护市场经济活动的严肃性。坚持和完善人民代表大会制度以及共产党领导的多党合作和政治协商制度,稳步地扩大直接民主层次和基层民主的范围,形成权力制约与民主监督制度,从而培养起个人的尊严与价值意识以及自由、平等观念,为建设现代信用文化创造先决条件。

建立健全规章、制度,推进制度化建设,培育现代信用文化的制度基础。首先,建立和健全产权制度,这是培育现代信用文化的前提条件。现代信用文化萌生于市场经济中,而市场机制发生作用的前提条件是市场主体都在谋求自身的物质和精神利益。因此,必须承认人们的独立利益和独立的财产所有权的合法性,任何人不得以侵害他人利益和财产权利的手段来牟取自身的利益,任何侵害他人权益和财产的行为都是非法行为。因此,明晰的产权是社会信用的基础,重塑社会信用必须从理顺产权关系入手,从明确产权归属入手。如果说产权明晰是信用建设的第一步,那么,明晰的产权法律化、制度化是信用建设的第一步。只有受法律支持、保护的产权,才有可能真正奠定信用的往来基础,奠定信用的约束基础。其次,建立和健全信用法律制度,这是培育现代信用文化的有力保障。在市场经济条件下,具有强制力的法律约束是社会经济健康运行的基本保证,对现代信用意识和价值观念的培育起到不可低估的推动和促进作用。尽管我国现行的《民法总则》《合同法》《刑法》等法规都体现了信用原则,但是存在着诸如对失信行为的惩罚力度小、约束力弱、已有的法规执行不力、一部分法规缺位,从而导致一些信用活动无章可循等问题。因此,我们应当借鉴发达国家的先进经验,尽快制订符合我国国情的信用方面的法律法规。除了立法之外,更要严格执法,使破坏信用的市场主体付出足够的代价,使市场风气向信用制度方向不断前进。

加强道德教育,树立信用意识,培育现代信用文化的伦理道德基础。就信用教育而言,应注重三种教育:一是"信用意识"教育,使"诚信"作为为人处世的立命之本,作为精神文明教育的重要内容来抓。从基础教育到大学教育,对信用意识、信用观念的宣传和教育应贯穿始终,使之成为国民的基本素质,培育信用才会有精神支撑。二是"平等互利意识"教育。信用缺失的直接原因是缺乏诚意,但深层次的原因则是极端本位主义在作怪,缺少平等互利的意识,只讲个人和小团体的利益,为了达到一己之私,不讲信用,不择手段。而平等互利意识，则是在主权平等的前提下，在实现自己应有的利益基础上，实现互利、双赢。因此，加强平等互利意识教育，使之成为国民的基本理念，培育信用才会有坚实的基础。三是"规则意识"教育。规则就是统一的行为规范，是建立在全体社会成员共同意志基础上的行为规范。任何欺诈、虚假行为都是规范所不允许的。只有牢固树立规范意识，形成按规范办事的习惯，不讲信用的行为就会失去了赖以生存的空间，培育信用才有可靠的保障。

完善行业信用记录，推进行业信用建设。社会信用体系建设涉及经济社会生活的各个方面。商品的生产、交换、分配和消费是社会信用关系发展的基础，社会信用体系的发展要与生产力发展水平和市场化程度相适应。根据我国的国情和现阶段经济社会发展的需要，针对我国市场经济秩序中存在的突出矛盾和问题，借鉴国际经验，进一步完善信贷、纳税、履约、产品质量的信用记录，推进行业信用建设。行业信用建设是社会信用体系建设的重要组成部分，对于促进和个人自律，形成有效的市场约束，具有重要作用。要依托"金税""金关"等管理系统，完善纳税人信用数据库，建立健全个人偷逃骗税记录。要实行履约备案和重大鉴证制度，探索建立履约信用记录，依法打击欺诈行为。要依托"金质"管理系统，推动产品质量记录电子化，定期发布产品质量信息，加强产品质量信用分类管理。要继续推进中小信用制度建设和价格信用建设。要发挥商会、协会的作用，促进行业信用建设和行业守信自律。有关部门要根据职责分工和实际工作需要，抓紧研究建立市场主体信用记录，实行内部信用分类管理，健全负面信息披露制度和守信激励制度，提高公共服务和市场监管水平。各部门要积极配合，及时沟通情况，建立信用信息共享制度，逐步建设和完善以组织代码和身份证号码等为基础的实名制信息共享体系，形成失信行为联合惩戒机制，真正使失信者"一处失信，寸步难行"。

10.4.2 完善职业经理人相关法律制度

在市场经济中出现的问题，光靠市场来调节通常是不够的，还需要通过法律来进行规制。我国是一个法治国家，注重加强国家法制建设，在涉及职业经理人制度时，为了实现对职业经理人的有效管理，完善的法律法规更是必不可少。通过法律法规来完善职业经理人制度，不仅需要保护投资人的合法权益，还需要对职业经理人的职业行为采取一定的限制，做好双方利益的协调问题，从而权衡好股东与经理人之间的利益。在我国，有关职业经理人制度的法律法规还不是很多，而且也存在一定的不足之处，因此建议从以下几个方面进行完善。

第一，是《公司法》。通过《公司法》，首先，要明确规定公司各主要权利主体的权利义务和地位，做好明确的划分，尤其是对职业经理人法律地位和权利的规定，要做到明确具体。在实践中，存在很多公司经理兼任董事的情况，导致经理与董事的权利相混淆，出现经理权力过大的情形，建议由董事会根据公司的规模来决定经理是否有必要兼任董事，通过公司经营机构的设置以及股东控制公司的能力来授予经理人职权，做到具体问题具体分析，而不是所有公司一概而论。这样才能解决我国《公司法》对董事会和经理的权利设置不合理的弊端，解决经理与董事权利混淆问题，从而有效限制经理的权利，防止经理人出现越权行为，损害公司利益。其次，对经理权的授予方式与限制形式做出规定。在我国，由董事会负责聘任经理，但是对于应以何种方式对经理人授予权利，并没有详细的说明，建议在《公司法》中明确具体地规定经理权的授予应采取何种方式进行，是否需要加以明示等。为了有效防止经理滥用代理权对外进行有损本公司利益的交易，应在法条中对其职权进行严格限制，在为他人提供担保时，必须得到公司的书面授权。再次，由于我国公司法对职业经理人的义务规定的过于笼统，因此，应在以下方面增加对经理人义务的规定。例如，经理人应始终保持对公司忠诚的态度，不得引诱公司管理人员离开公司，不得以权谋私损害公司利益，不得将本公司的交易业务介绍给他人，重大事项应及时向董事会汇报。同时，经理在对公司进行经营管理时应提高注意义务，要对自己做出的经营决策负责，不得滥用职权以及要保证公司利益的义务。最后，在对经理职权的解除上，我国《公司法》规定由董事会进行经理职权的解聘，但并没有规定在何种情况下需要解除经理权利以及以何种方式进行解除。建议如果经理人没有在约定的情况下完成与企业约定的职责，应该主动承担带来的不良后果；如果是因为经理人的重大过错给企业带来重大损失并造成不可挽回的后果，企业应有权解除与经理人的职权，取消对其聘任，并追究其责任。在公司实践中由董事会负责撤销经理人职权，应在立法中明确规定董事会应该依照何种程序对经理人职权进行撤销，撤销理由是不是需要公开说明；行使撤销权时是否受公司章程和双方签订的合同的限制；以及撤销后，违约合同一方是否应对对方进行相应的补偿和赔偿；出现经理职权解除不当的情形时应如何救济等问题进行详细的补充说明。同时明确规定出被解除职权的经理要在多长时间、什么范围、多大程度上保守公司秘密等。

第二，是制订《职业经理人法》。目前，我国市场经济呈现迅猛发展的趋势，职业经理人这个阶层也在不断壮大，随着企业的增多，对职业经理人的需求量也在加大，其在企业中扮演的角色越来越重要，由于其具有专业的素质和技能，使现在很多公司越来越依赖经理人对公司的经营管理，这也导致有些经理人利用这一点而滥用公司赋予的权利为自己牟取私利，为了尽快遏制这种行为的产生，相关立法部门应当加快速度制订和颁布《职业经理人法》，并在其中详细具体的规定职业经理人的权利、义务和责任，不但要维护职业经理人的合法权利，还要兼顾保护公司及股东的利益，对职业经理人的行为做出应有的法律约束和规范，并规定其应承担的法律责任。

第三，是要增加《刑法》和《民法》以及其他法律法规对经理人的规定。首先要在法条中明确规定禁止职业经理人侵犯公司及股东财产的行为，并明确处罚原则和方式，做好对公司及股东财产的保护。其次，要保障职业经理人能够依照合法权利进行公司的日常经营，做出具体的法律规定，维护职业经理人的合法权利，包括合法的财产权利。通过法律来平衡公司与经理人之间的权责利，做到两者利益的完美统一。

10.4.3　加强企业职业经理人制度建设

第一，完善职业经理人的价值评判体系。职业经理人价值评判体系的不健全，对于我国公司企业来说是一个通病，是我国职业经理人制度发展初期的常见问题。应由公正权威的机构，如政府部门或权威的社会团体主持，并将所有职业经理人都纳入评价体系中。由于并不是任何人都能成为职业经理人，因此职业经理人首先必须具备一定的任职资格。这就要求职业经理人需要具有一定的学历、在公司的工作经验以及做出一定的业绩等。具备了任职资格后还要为具备职业经理人资格的人制订一套客观的、可量化的、可比的一系列评估指标,以此来检测他们的才能素质及经营管理公司的能力。例如,实行在一定周期内对其公司职业经理人进行考核的制度,得出能够准确反映职业经理人综合素质的客观评价结果,并定期向职业经理人市场公布,全方面地公开、透明每一个职业经理人的综合素质,使企业能完全细致地掌握每个职业经理人的过去的、现在的表现,从而为企业做出正确的招聘决策提供一个可参照的依据。目前,国际比较盛行的平衡记分卡绩效评价体系从财务、客户、内部运营、学习与成长四个角度建立绩效管理系统,较好地兼顾了企业的财务指标和非财务指标的综合平衡,我国企业可以结合实际情况建立平衡记分卡体系,优化价值评判系统。此外,也可以借鉴一下国外企业和国内大型国有企业的制度,这些企业的价值评判体系相对来说较健全,参考他们的考核标准、项目并按照自身发展现实来制订符合自己的价值评判体系。

第二,完善职业经理人的治理机制。职业经理人的引入切实为企业注入了发展活力,这是企业做大做强的必由之路。信任是双方进行密切合作的重要前提,如果职业经理人与雇主之间没有良好的信任基础,那么双方的合作就如在建造一座没有地基的大楼,楼越高就越危险。想要解决这一问题就要完善职业经理人的治理机制,首先是要进行产权制度的变革,将封闭的产权逐渐市场化,使传统企业逐步成为真正的现代化企业;其次是要提升企业的基础管理能力,企业薄弱的基础管理已经严重制约了职业经理人的引入,在一个"人治"色彩浓重的企业里,职业经理人将很难发挥其作用;最后是要加强企业的文化建设,树立现代人力资本的管理观念,克服传统观念上的专治文化带来的消极影响。

第三,完善职业经理人的激励机制。没有激励就没有动力,企业发展的好坏与职业经理人息息相关,企业想要更好的发展就要给职业经理人足够的动力,即建立合理有效的激励机制。职业经理人作为企业的核心管理人才,对企业的发展有非常重要的作用。在激励机制建设方面,要把物质激励与精神激励相结合,才能充分调动职业经理人的工作积极性与开拓性。因此,创新原有的激励机制是很有必要的,除了要保持并逐步提升薪酬、绩效、奖金外,可以推进股票期权制度,把企业高级人才的自身利益与公司发展很好地结合起来,实行长期激励计划。为了保障公司的良好运行,我们应该借鉴西方国家先进的薪酬激励制度,在保障基本工资能满足经理人日常生产生活的基础上,降低奖金所占比重,某些职业经理人为了追求过高的工资而选择短期激进的投资决策行为,为了实现个人利益最大化而不惜牺牲公司及股东的利益。同时应增加一些中长期的激励方式,如增加经理人的股票期权收益。股权激励制度,是指将公司利润的大小或者股票的高低与职业经理人所获得的奖金挂钩,将公司的一部分股权奖励给经理人,从而鼓励经理人充分发挥自己的聪明才智为公司创造最大的价值和利润。通过这种方式,可以在最大限度上调动公司职业经理人的积极性,充分发挥其自身的管理才能和其在专业领域所掌握的经验知识,积极为公司谋取最大的利益。同时,职业经理人的报酬并不随着市场上的经理人价格变化而变化,而是随着公司业绩而变,并不因为市场上的价格波动而造成经理报酬的相应变化,这样,在能很好激励职业经理人为公司创造价值的同时,也降低了公司的成本。股权激励方式能吸引和激励职业经理人尽心尽力管理和经营公司,职业经理人只要努力提高公司经营效率和业绩,便能从公司中获得较高的薪金报酬,当然,因为经理人的决策失误给公司造成损失时,其个人也会承担相当的损失,因此经理人务必会对自己做的每一个决策都持认真谨慎的态度,不但是为了公司的利益,更是为自身的利益考虑。同时较长时间的行权期限也能为经理人决策行为的长期性和合理性提供时间上的保障。

第四,完善职业经理人的约束机制。约束机制的制定有助于限制职业经理人某些对企业发展不利的做法,也有助于防止雇主对于职业经理人的过分干预,同时也是双方权益的保障机制。绩效考评体系在某种意义上来说也是一种约束机制。绩效考评体系的核心就是要通过建立健全现代化的企业制度,来确保企业有完善引入职业经理人的内部约束机制。关于企业约束机制的制定方案,可从以下四个方面来推进。首先,签订严谨的合同,通过签订详细的劳动合同来明确职业经理人的权责利范畴,签订保密协议来保障企业的核心机密不被泄露,签订排他协议来确保当职业经理人离职后不会马上进入同行竞争企业,通过制订这一系列合同来规避企业的风险,保障企业的利益;其次,制订对职业经理人有约束力的公司章程,在企业里,公司章程就是公司的宪法,制订严谨有效的公司章程有助于起到对整个企业的约束作用;再其次,在激励中体现约束,单纯的激励措施对于职业经理人与企业来说并不是可持续发展的,要保障激励和约束相结合,确保职业经理人和企业所有人之间关系的制衡稳定;最后,要让职业经理人有一种被替代的威胁感,适当的危机感会让职业经理人有紧迫感,这样他们才会为了保住自身的职位而更加努力地做好本职工作，同时这也是一个最大的激励因素。职业经理人制度的引入是企业历史发展的必然选择。由于职业经理人与公司之间签订了合同，经理作为公司的代理人，对公司负有一定的责任。当经理人出现违反守法义务、忠实、注意义务的代理行为，并给公司造成严重的损害后果时，就要承担对公司的赔偿责任。职业经理人在企业的经营管理中担任着重要的角色，同时也承担者重要的责任，职业经理人虽然不承担公司财产风险，但要对其在经营上决策负责，出现问题时也要承担相应的责任。为了维护企业利益，保证职业经理人能科学地进行决策，避免由于主观臆断、滥用权力、盲目决策而影响公司的利益和发展，很有必要建立严格的责任追究制度，追究职业经理人的决策失误责任，除了在物质上使其赔偿一定的经济损失外，还要在精神上给予其党纪、政纪、法纪惩戒。如建立并严格实行部门经理责任制，责任严格到人，以避免经理人推脱责任，从而增强其在决策时的风险意识、法律意识和依法经营管理的责任，增强其自我约束力，做到依法决策、依法管理和依法经营。

从目前企业的发展状况来看，制度体系、契约关系以及管理结构的不科学，是影响企业是否能够长期发展的关键因素。所以完善企业职业经理人的价值评判体系、激励机制与约束机制将会是保障公司与职业经理人双方权益的重要措施。这样将会有效地解决企业发展过程中对于职业经理人的需求与传统管理模式对外来成员的排斥和不信任的问题，使企业以更为科学的管理方式去实现可持续发展，使企业获得更加长久的生命力。

10.5 本章评述

随着我国市场经济的发展，职业经理人在经济舞台上发挥的作用将越来越大，职业经理人信用危机是目前社会各界高度关注的话题，职业经理人的信用管理无论是理论研究还是实践领域都将得到更多的重视。构建职业经理人信用评价体系，提升职业经理人信用水平对于规范职业经理人的管理具有非常现实和深远的意义，我们必须加快职业经理人信用体系的建设工作，以期在不远的将来能够看到职业经理人信用体系给我们的企业发展所带来的竞争优势。

本书在深入研究管理者信用管理及职业经理人研究相关成果的基础上，构建职业经理人信用评价体系，并结合重庆职业经理人信用评价活动利用BP神经网络方法和灰色关联度方法进行了实证分析，最后提出规范职业经理人信用制度、提升职业经理人信用水平的对策及保障措施。但本研究是以重庆这一个区域的信用评价活动为基础进行应用研究和分析的，未在更大范围推广和讨论，今后的研究可以在继续完善信用体系的基础上，推广应用至其它区域，以保证职业经理人信用评价体系的科学性和广泛应用性。

参 考 文 献

[1] 赖尔·克斯著，胡英坤，孙宁译．战略人力资源开发 [M]．大连：东北财经大学出版社，2007．

[2] 理查德·斯旺森，埃尔伍德·霍尔顿著．王晓晖译．人力资源开发 [M]．北京：清华大学出版社，2008．

[3] 韦恩·蒙迪，罗伯特·诺伊．人力资源管理（第八版）[M]．北京：经济科学出版社，2003．

[4] 约翰·伊万切维奇，赵曙明．人力资源管理（第9版）[M]．北京：机械工业出版社，2005．

[5] 加里·德斯勒．人力资源管理（第十版）[M]．北京：清华大学出版社，2008．

[6] 雷蒙德·诺伊等．人力资源管理第五版 [M]．北京：中国人民大学出版社，2008．

[7] 萧鸣政．人力资源开发的理论与方法 [M]．北京：高等教育出版社，2004．

[8] 谢晋宇．人力资源开发概论 [M]．北京：清华人学出版社，2005．

[9] 胡君辰，郑绍镰．人力资源开发与管理 [M]．上海：复旦大学出版社，2005．

[10] 董克用，叶向峰．人力资源管理概论（第二版）[M]．北京：中国人民大学出版社，2007．

[11] 赵曙明，罗伯特·马希斯．人力资源管理 [M]．北京：电子工业出版社，2008．

[12] 赵曙明，张正堂，程德俊．人力资源管理与开发 [M]．北京：高等教育出版社，2009．

[13] 张文贤. 人力资源总监——人力资源管理创新 [M]. 上海：复旦大学出版社，2005.

[14] 理查德·斯旺森，埃尔伍德·霍尔顿. 三世人力资源开发效果评估 [M]. 北京：中国人民大学出版社，2008.

[15] 美杰克·菲利普斯著，李元明等译. 培训评估与衡量方法手册 [M]. 天津：南开大学出版社，2001.

[16] 雷蒙德·诺伊，徐芳译. 雇员培训与开发 [M]. 北京：中国人民大学出版社，2002.

[17] 莱斯利·瑞著，牛雅娜，吴孟胜，张金普译. 培训效果评估（第一版）[M]. 北京：中国劳动社会保障出版社，2003.

[18] 唐纳德·柯克帕特里克等. 如何作好培训评估——柯氏四级评估法 [M]. 北京：机械工业出版社，2007.

[19] 杰克·菲利普斯著. 如何评估培训效果——追踪六个关键因素的实用指南 [M]. 北京：北京大学出版社，2007.

[20] 卡维塔·古普塔. 需求评估实施指南 [M]. 北京：北京大学出版社，2007.

[21] 罗思韦尔. 掌握教学设计流程 [M]. 北京：北京大学出版社，2007.

[22] 杰克·菲利普斯. 寻找隐性收益培训投资回报评估方法 [M]. 北京：人民邮电出版社，2004.

[23] 罗伯特·马希斯人力资源管理培训教程 [M]. 北京：机械工业出版社，1999.

[24] 马丁·所罗门著，孙乔等译. 培训战略与实务（第二版）[M]. 北京：商务印书馆国际有限公司，2000.

[25] 张志鸿，李俊庆，张成福. 现代培训理论与实践 [M]. 北京：中国人事出版社，1999.

[26] 陈黎明. 企业培训仁北京煤炭工业出版社，张维迎博弈论与信息经济学 [M]. 上海：人民出版社，2013.

[27] 徐向艺. 现代公司组织与管理 [M]. 北京：经济科学出版社 [M]. 2012.

[28] 彼得·德鲁克，张炜译. 创新与创业精神 [M]. 上海：上海人民

出版社，2002.

［29］张维迎. 企业的企业家——契约理论［M］. 上海：上海三联书店，1995，213-216.

［30］唐兰. 我国职业经理人信用体系研究［D］. 山东：山东大学硕士论文，2007.

［31］孙卫敏. 职业经理人综合评价体系研究［D］. 山东：山东大学硕士论文，2007.

［32］苏社军. 职业经理胜任能力结构探析［D］. 北京：首都经济贸易大学硕士论文，2005.

［33］李军. 我国职业经理人市场建设研究［D］. 福建：中南大学硕士论文，2004.

［34］刘常勇，刘文龙. 创业管理的基本概念［J］. 北大商业评论，2004，8（8）：56-61.

［35］高冬梅. 我该聘请谁——破解民营企业家与职业经理人之间的信用危机［J］. 中国商贸，2001（10）：45-51.

［36］刘湘国. 民企"老板"与职业经理人信用危机探析［J］. 嘉兴学院学报，2003，15（1）：11-13.

［37］周国强，王雪青，刘锐. 一种基于改进云模型的信用评价方法［J］. 系统工程，2013（4）：60-66.

［38］丁慧. 谈职业经理人信誉影响因素［J］. 合作经济与科技，2010（7）：47-48.

［39］赵金国，孙卫敏. 职业经理人信用评价体系研究［J］. 齐鲁工业大学学报，2013（4）：80-83.

［40］黄子建，黄书植. 职业经理人信用信息系统的构建［J］. 消费导刊，2007（12）：199-199.

［41］赵明非，冯冬燕. 个人职业信用制度探讨［J］. 发展，2006（8）：95-96.

［42］曾波，崔学海，刘岱，邓琳，谢玉凤. 广义灰色面积关联评价模型及其在科技创新能力评价中的应用［J］. 统计与信息论坛，2017，32（12）：10-15.

［43］邹品晶，姚建刚，孔维辉，胡淋波，潘雪晴. 基于多变量时间序

列反演自记忆模型的中长期电力负荷预测［J］.电力系统及其自动化学报，2017，29（10）：98-105.

［44］朱福林，张波，王娜，袁俊亮.基于熵权灰色关联度的印度服务外包竞争力影响因素实证研究［J］.管理评论，2017，29（01）：53-61.

［45］杨威，庞永锋.基于区间值直觉模糊不确定语言变量的灰色关联度分析方法［J］.运筹与管理，2016，25（02）：128-132.

［46］迟永慧.中国金融结构与产业结构互动关系研究——基于灰色关联度的实证检验［J］.技术经济与管理研究，2015，233（12）：16-21.

［47］万琴.中国网络零售市场影响因素的灰色关联度评价［J］.中国管理科学，2014，22（S1）：143-147.

［48］蔡凌曦，范莉莉.关于灰色关联度分析法的节能减排事前评价［J］.经济体制改革，2014，184（01）：188-192.

［49］齐志强，张干，齐建国.进入WTO前后中国制造业部门结构演变研究——基于制造业部门与工业整体经济增长的灰色关联度分析［J］.数量经济技术经济研究，2011，28（02）：52-63.

［50］张维迎.企业家与职业经理人：如何建立信任.北京大学学报（哲学社会科学版）［J］.2003，5（9）：29-39.

［51］毛蕴诗.企业家与职业经理特征识别模型.学术研究［J］.2003，4（4）：5-11.

［52］吉姆·柯林斯，俞利军译.从优秀到卓越.北京：中信出版社，2002，30-69.

［53］刘学."空降兵"与原管理团队的冲突及对企业绩效的影响［J］.管理世界，2003，6（6）：105-113.

［54］林强，姜彦福，张健.创业理论及其架构分析［J］.经济研究，2001，9（9）：85-94.

［55］朱敏，李永禄.我国国企与国外企业家工作满意度及激励因素比较［J］.上海经济研究，2002（1）.

［56］陈德智.企业创新激励管理案例与实证研究［J］.大连理工大学学报（社科版），1999（12）.

［57］盛运华，邵靖.关于中国职业经理人职业道德的思考［J］.科技进步与对策，2001（8）.

[58] 刘传. 职业经理人透视. 经营与管理 [J]. 2001 (12)：24-32.

[59] 梦然. 职业经理人理论及其评析 [J]. 江海学刊. 2002 (5)：78-83.

[60] 魏杰. 对职业经理人的十个约束 [J]. 中国工商. 2001 (4)：65-69.

[61] 李蓉. 职业经理人的界定——海出台职业经理人职业标准. 解放日报 2001-05-25.

[62] 丁娟娟, 陈新辉. 企业管理人员职业信用等级模糊综合评判 [J]. 管理现代化, 2006, 146 (4)：7-9.

[63] 代文锋. 企业管理人员职业信用等级综合评价 [J]. 大庆师范学院学报, 2008, 28 (5)：14-16.

[64] 理清. 令人向往的职业——职业经理人. 燕赵都市报, 2003-12-01.

[65] 雷海波. 试论我国职业经理人制度及其供求均衡的条件. 北京市经济管理干部学院学报, 2005 (3)：45-54.

[66] 包迪鸿, 盛乐. 试论企业家人力资本产权及其特性 [J]. 生产力研究, 2001 (6)：67-76.

[67] 毛蕴诗. 现代公司理论及其形成背景——兼论企业家与职业经理的区别 [J]. 学术研究, 2000 (1)：89-98.

[68] 丁富国. 我国经理人市场的九大问题 [J]. 企业活力, 2003：45-53.

[69] 霍爱玲. 我国职业经理人存在的问题及改进措施 [J]. 陕西经贸学院学报, 2002：123-130

[70] 王伯成, 万俊毅. 我国职业经理人市场发展的几个制约因素 [J]. 企业经济, 2003 (2)：66-73.

[71] 刘远航. 我国职业经理人市场发展难点分析 [J]. 长白学刊, 2003 (11)：56-65.

[72] 杨从杰, 吴兴华. 社会信用与民营企业职业经理人关系研究 [J]. 乡镇经济, 2003 (11)：25-32.

[73] 徐林. 民营企业中雇主与职业经理人的"死锁"效应及其原因 [J]. 社会科学战线, 2004 (5)：134-140.

[74] 阿理. 中国企业呼唤职业经理人 [J]. 科技信息, 2001 (6): 13-18.

[75] 刘元欣. 职业经理人及其成长环境 [J]. 辽宁经济, 2002 (10): 65-69.

[76] 李欢. 美国经理人市场的成长与启示 [J]. 南方经济, 2004 (4): 90-95.

[77] 卢致天, 胡建新. 中、美两国职业经理人产生与成长环境的比较及启示 [J]. 首都经济贸易大学学报, 2005 (3): 123-132.

[78] 彭朝晖. 构建职业经理人市场的激励和约束机制 [J]. 湘潭大学社会科学学报, 2002 (4): 145-149.

[79] 胡卫东. 创造职业经理人成长发展的环境 [J]. 市场论坛, 2005 (3): 23-28.

[80] 李爱梅, 凌文辁. 职业经理人的激励与约束 [J]. 现代管理科学, 2003 (8): 103-109.

[81] 阮德信. 信用问题研究述评 [J]. 社会科学研究, 2011 (5): 189-192.

[82] 邱茜. 职业经理人声誉评价模型构建及应用研究 [J]. 财经问题研究, 2010 (11): 2-96.

[83] 向晖, 杨胜刚. 个人信用评分关键技术研究的新进展 [J]. 2011 (4): 20-24.

[84] 胡卫鹏, 时堪. 组织承诺研究的进展与展望 [J]. 心理科学进展, 2004, 12 (1): 103-110.

[85] 于海波, 方俐洛, 凌文辁, 郑晓明. 组织信任对员工态度和离职意向、组织财务绩效的影响 [J]. 心理学报, 2007, 39 (2): 311-320.

[86] 匡萍波, 凌玲. 不同组织信任背景下工作满意度与组织承诺的关系 [J]. 经济管理, 2009, 31 (4): 93-98.

[87] 鞠芳辉, 谢子远, 宝贡敏. 西方与本土、变革型、家长型领导行为对民营企业绩效影响的比较研究 [J]. 管理世界, 2008 (5): 85-101.

[88] 戴鑫, 熊英, 李鹏飞. "侵入"还是"渗入": 职业经理人团队进入后的变革逻辑与合法性确立 [J]. 管理学报, 2015, 12 (4): 484-499.

[89] 许春燕. 国有职业经理人的激励与约束机制 [J]. 人力资源管理,

2017 (5): 41-45.

[90] 杨海兰, 周培祥. 基于 SVM 的中国家族企业引入外部职业经理人风险预测研究 [J]. 经济体制改革, 2017 (5): 12-129.

[91] 武立东, 丁昊杰, 王凯. 民营企业创始人特质与公司治理机制完善程度对职业经理人引入影响研究 [J]. 2016 (5): 5-13.

[92] 王琪. 浅谈我国职业经理人制度的立法现状与完善 [J]. 厦门广播电视大学学报, 2017 (3): 10-16.

[93] 王敏. 在国企建立职业经理人制度的思考: 从身份带契约 [J]. 现代地理学科, 2017 (10): 25-32

[94] 姜琳琳. 职业经理人信用评价指标初探 [J]. 管理观察, 2016 (1): 63-69.

[95] 孙卫敏. 中国职业经理人的成长困境: 探索性分析与群体细分 [J]. 东岳论丛, 2017, 38 (12): 124-131.

[96] Penrose E. T. The Theory of The Growth of the Firm: Oxford University Press, 1959, 18.

[97] Steinmetz L. L. Critical Stages of Small Business Growth: When they Occur and how to Survive Them [J]. Business Horizons, February, 1969.

[98] Greiner L. E. Evolution and Revolution as Organizations Growth. Harvard Business Review, July-August, 1972.

[99] Neil C. Churchill, Virginia L. Lewis. The Five Stages of Small Business Growth [J]. Harvard Business Review, May-June, 1983.

[100] Chandler A. D. Jr. The Visible Hand: The Managerial Revolution in American Business [J]. Cambridge, Mass, Harvard University Press, 1977.

[101] Kotter, J. P. What Effective General Managers Really do [J]. Harvard Business Review, 1982, 60, 156-167.

[102] avidsson, P. Low, M. B., Wright, M. Editor's Introduction: Low and Mac Millan Ten years On: Achievements and Future Directions for Entrepreneurship Research [J]. Entrepreneurship Theory and Practice, 2001.

[103] Meyer, J. P., Allen, N. J, Testing the Side-Bet Theory organizational commitment: some methodological considera-tion [J]. Journal of Applied Psychology, 1984 (3): 372-378.

[104] Wiener, Y. Commitment in organization: A normative view [J]. Academy of Management Review, 1982, 7 (3): 418 – 428.

[105] Whitener, E. M., Brodt, S. E., Korsgaard, al. Managers as initiators of trust: An exchange rela-tionship framework for understanding managerial trustworthybehavior [J]. Academy of management review, 1998 (23): 513 – 530.